Dúvidas e Impertinências

Richard Simonetti

Dados Internacionais de Catalogação na Publicação (CIP)
(Câmara Brasileira do Livro, SP, Brasil)

Simonetti, Richard
Dúvidas e impertinências / Richard Simonetti. --
Bauru, SP : CEAC Editora,2009.

Bibliografia

1. Espiritismo 2. Espiritismo - Filosofia
3. Perguntas e respostas I. Título.

09-01252 CDD-133.901

Índices para catálogo sistemático:

1. Doutrina espírita : Perguntas e respostas 133.901

ISBN 978858635969-9
Projeto gráfico: Júnior Custódio
Capa: Angela Luiz

1ª edição - maio de 2009
10.000 exemplares

Edição e distribuição

CEAC
EDITORA

Rua 7 de Setembro, 8-56
Fone/Fax 014 3227 0618
CEP 17015-031 - Bauru - SP
e-mail: editoraceac@ceac.org.br
site: www.ceac.org.br

Todos os Espíritos passam pela fieira do mal para chegar ao Bem?

Pela fieira do mal, não; pela fieira da ignorância.

Questão 120, de *O Livro dos Espíritos*

S U M Á R I O

Pinga-fogo

Há vários anos participo de um pinga-fogo no Centro Espírita Amor e Caridade, em Bauru.

Trata-se de uma reunião pública onde o expositor atende às indagações do público presente, formuladas por escrito e apresentadas por um mediador.

Geralmente respondo a perto de trinta questões em uma hora.

São dos mais variados teores.

Inteligentes: Se estamos resgatando débitos de vidas anteriores, por que esquecemos o passado? Não é perturbadora a cobrança de uma dívida que desconhecemos?

Ingênuas: Antes do Espiritismo existia a reencarnação?

Contestadoras: O Espiritismo não estimula à passividade ao ensinar que os males humanos representam o pagamento de dívidas?

Bem-humoradas: Se eu me comportar bem na Terra, serei dispensado de conviver com minha sogra no Além?

Pessoais: Pratiquei o aborto e logo me arrependi. Posso receber o mesmo Espírito se voltar a engravidar?

Atuais: Por que há tanta corrupção no Brasil?

Mediúnicas: Dor, mal-estar, tontura, podem ser sinais de mediunidade?

***

Ao longo do tempo, com o auxílio dessa máquina maravilhosa que é o computador, compilei milhares de perguntas, divididas por assuntos, compondo um vasto painel das dúvidas que caracterizam os frequentadores das reuniões doutrinárias de Espiritismo.

Selecionei trezentas e trinta e seis perguntas, divididas em oito temas, os mais abordados no pinga-fogo, com quarenta e dois subtemas.

Constituem a base deste livro.

Procurei respondê-las de forma objetiva e sintética, atendendo às incertezas de muitos, e, tanto quanto possível, usando de bom humor para lidar com as impertinências de alguns.

Pode ser um livro de iniciação para alguém não familiarizado com a Doutrina, ou de reflexão para quem já fez sua iniciação.

Sobretudo, leitor amigo, espero que seja um livro sempre lembrado quando você cogitar de momentos de leitura prazerosa e edificante.

Bauru, Natal de 2008

ADULTÉRIO

Tentações

1 – De acordo com a legislação vigente, adultério deixou de ser crime. Liberou geral?

Depende. Quanto aos usos e costumes humanos, tudo bem. Na Legislação Divina, inscrita na consciência humana, estará o adúltero enquadrado no crime que nosso Código Penal situaria por *estelionato,* nos comprometimentos da mentira e da traição.

2 – E quando há uma atração irresistível?

Atração irresistível é sinônimo de paixão, péssima conselheira, sempre sugerindo o concurso da irresponsabilidade em favor da satisfação dos sentidos. Exercícios de bom senso e disciplina podem neutralizá-la. Importante, também, lembrar aquele *orar e vigiar* recomendado por Jesus. Identificada a *tentação* pelo exercício da vigilância, é apelar para a *oração*, rogando a Deus coloque juízo em nossa cabeça.

3 – *Se me apaixono por um homem casado, não pode ser ele o meu destino?*

Situações dessa natureza configuram um desatino, não um destino. A paixão começa quando damos asas à imaginação, cedendo aos instintos. Melhor ver no objeto de suas cogitações amorosas um irmão atrelado a compromissos conjugais que você não tem o direito de perturbar, sob o embalo de suas fantasias.

4 – *Uma mulher casada há vinte anos vive bem com marido e filhos, até que decide abandonar a família por um novo amor. Não é razoável que assim o faça, considerando que o amor é a suprema aspiração humana?*

Parafraseando Madame Roland, guilhotinada pela Revolução Francesa (*liberdade, liberdade, quantos crimes são cometidos em seu nome!*), diríamos: quantas loucuras são cometidas em nome do amor, sem a compreensão de que jamais alguém será feliz deixando uma retaguarda de decepção e sofrimento nos familiares negligenciados. Ainda que, em princípio, essa senhora possa sentir-se realizada, haverá sempre um sentimento de inquietação que lhe amargará a existência, até transformar-se em insuperável angústia, quando sua consciência despertar em plenitude.

5 – *Qual a responsabilidade, perante as leis divinas, daquele que é o pivô de uma separação?*

Melhor seria que o amarrassem a uma pedra e o jogassem no rio. Quem disse isso sabia das coisas: Jesus (Mateus, 18:6). Em linguagem simbólica, que o cônjuge traído não deve observar ao pé da letra, reportava-se aos que são causa de escândalo. E haverá escândalo mais lamentável do que aquele provocado por alguém que destrói uma família para satisfazer a impulsos passionais?

6 – *Quando o adúltero está arrependido, deve o cônjuge traído sustentar o casamento, considerando o trauma que a separação causaria aos filhos?*

Certamente Deus não se aborrecerá com a vítima de um adultério que pretenda mandar às favas o traidor. Não obstante, terá muito a ganhar se, superando a revolta e a indignação, dispuserse a relevar em favor da integridade familiar.

7 – E quando o adúltero continua "pulando a cerca"?

Se há filhos e a esposa tem vocação para o sacrifício, poderá sustentar o casamento, pensando no bem-estar deles. Para tanto será preciso encarar o adúltero não como o companheiro de lutas, mas o filho desajuizado, a testar suas virtudes, sem que lhe possa dar umas palmadas.

8 – Um homem afirma: Tenho vocação para o adultério. Sei que minha esposa não merece, mas o diabo tenta! *O que dizer à esposa negligenciada?*

Cada esposa tem o marido que merece. Talvez ela tenha *aprontado* muito em vidas anteriores para ver-se na contingência de casar-se com alguém tão endiabrado. Exatamente o que acontecerá ao marido no futuro, se não criar juízo no presente.

Triângulo amoroso

1 – Tenho um relacionamento amoroso com um homem casado, que corresponde aos meus sentimentos. Haverá algum mal em cedermos ao amor, harmonizando-nos como marido e mulher?

Isso é invasão de seara alheia. A harmonização deve ocorrer entre marido e mulher, num lar hoje conturbado, provavelmente, em face dessa ligação extraconjugal. A comunhão afetiva que você pretende situa-se como desvio de compromisso para ele. Seria conveniente buscar a harmonia consigo mesma, superando fantasias inspiradas pela paixão e exploradas por Espíritos mal-intencionados.

2 – *E a idéia de que nada acontece por acaso? Não haveria aí uma programação espiritual?*

Realmente, tudo o que acontece tem uma origem, não é ocasional. As experiências extra-conjugais, por exemplo, são fruto de impulsos passionais próprios da animalidade humana. Podem, sim, atender a uma programação espiritual, aquela elaborada por Espíritos obsessores que desejam conturbar os lares humanos.

3 – *Fui informada por um médium de que temos uma ligação muito forte de vidas passadas.*

Médium ou palpiteiro? A experiência costuma demonstrar que essas *ligações muito fortes* guardam origem na sensualidade do presente, sem nenhum vínculo com compromissos do passado.

4 – *Mas não temos todos o direito de ser felizes junto ao ser amado?*

Sim, sem dúvida, desde que não *atropelemos* ninguém nesse propósito. Coloque-se no lugar da esposa. Como se sentiria vendo seu marido deixá-la por outra mulher?

5 – Então ninguém deveria se casar em segundas núpcias?

Os ex-cônjuges podem refazer sua vida no terreno afetivo, buscando nova experiência quando acaba o casamento em virtude de desentendimentos insuperáveis, nascidos, como ensinava Jesus, da *dureza do coração humano.* É diferente da separação por influência de alguém que se envolveu com um deles.

6 – E como fico, se ele é tudo o que quero nesta vida?

Em favor de nossa felicidade, não devemos reduzir nossos desejos e aspirações à consumação de uma ligação afetiva. Há assuntos muito mais importantes. Nossa realização como filhos de Deus, por exemplo, pelo esforço incessante de aprendizado e, sobretudo, o aprimoramento moral, buscando fazer ao próximo o bem que desejamos para nós, como ensina Jesus. Isso implica não fazer ao semelhante o que não queremos que façam contra nós. Por exemplo: destruir um lar.

7 – Devo renunciar?

Renúncia envolve desistência de um direito. Seu caso é diferente. Configura mero dever. O dever de respeitar uma família, evitando tornar-se responsável por sua dissolução, com o que assumirá débitos cármicos a pesarem em sua biografia espiritual, com penosas repercussões em seu futuro.

8 – E se faz parte do carma da esposa ver seu marido deixá-la por outra?

E você seria o instrumento de Deus nesse propósito? Não se iluda. A justiça divina não necessita do concurso humano para cumprir-se e ninguém nasce com o carma de ser traído. Por isso os que ensejam situações dessa natureza, são instrumentos sim, mas de insidioso *demônio* que mora no coração humano: o egoísmo.

Racionalizações perigosas

1 – *É justificável o adultério quando há grande afinidade entre os adúlteros?*

Seria o mesmo que justificar a ação do assaltante que rouba por sentir-se realizado ao apossar-se do alheio.

2 – *Há casos em que duas pessoas, convivendo por força de compromissos sociais e profissionais, experimentam uma grande afinidade. Acaba acontecendo um envolvimento forte, a que ambos não resistem...*

A possibilidade de adultério ocorre a partir do momento em que a afinidade entre o homem e a mulher deixa os limites da amizade para cair na passionalidade. Geralmente isso acontece porque as pessoas dão asas à imaginação.

3 – *A relação deveria ficar contida em certos limites?*

Sim. Não é proibido um homem ter amizade e carinho por uma mulher, e vice-versa, mesmo que ambos já estejam vinculados a compromissos conjugais. É um sentimento gratificante, o chamado *amor platônico,* desde que não alimentem fantasias sexuais e o sentimento de posse. A partir daí surgem os problemas.

4 – *Não é complicado conter um relacionamento dessa natureza nos limites do amor platônico?*

Depende da pessoa. Indivíduos que vivem em função dos sentidos, que valorizam o sexo, terão muita dificuldade. Já aqueles que cultivam mais os valores do Espírito, sublimando os impulsos sexuais, conseguem conviver tranquilamente com pessoas ligadas ao seu coração, sem se arderem em desejos inconfessáveis.

5 – *E se o indivíduo se casa muito novo, em face de um envolvimento passional e depois de alguns anos encontra aquela que seria a mulher de sua vida, com quem planejara unir-se antes de reencarnar? Não será justificável que vá ao encontro de seu destino?*

Alegações dessa natureza geralmente são meras fantasias para justificar nossos desvios.

Ainda que tenha, realmente, ocorrido um planejamento nesse sentido, no pretérito, há que se considerar o compromisso assumido no presente. Este deve sobrepor-se, principalmente quando há filhos. Antes de ir ao encontro da suposta mulher de sua vida é preciso cuidar da vida da esposa e dos filhos.

6 – *Qual o problema em manter uma "matriz", esposa e filhos, que atendem às minhas aspirações familiares, e uma "filial", que me oferece prazer e descontração?*

Seria conveniente perguntar a opinião de sua esposa. Experimente colocar-se em seu lugar. Você gostaria de ser enganado dessa forma, para que ela atendesse às suas *necessidades*?

7 – *A questão moral, envolvendo o adultério, não é mais um problema de usos e costumes? Em alguns países o homem pode ter tantas mulheres quantas possa sustentar.*

Ter várias esposas não equivale a exercitar o adultério, em países que admitem a poligamia. Por sinal, nesses países o adultério é punido com a pena de morte, principalmente para as adúlteras. E quanto aos usos e costumes, a monogamia representa um progresso para a Humanidade, como destaca a questão 701, de *O Livro dos Espíritos: A poligamia é lei humana cuja abolição marca um progresso social. O casamento, segundo as vistas de Deus, tem que se fundar na afeição dos seres que se unem. Na poligamia não há afeição real: há apenas sensualidade. Se a poligamia fosse conforme à lei da Natureza, devera ter possibilidade de tornar-se universal, o que seria materialmente impossível, dada a igualdade numérica dos sexos.*

8 – O ditado "ladrão que rouba ladrão tem cem anos de perdão" não é uma boa justificativa para que a esposa parta para um relacionamento extraconjugal, ao descobrir que o marido a está traindo?

É preciso cuidado com a enganosa *sabedoria* de alguns ditados populares. Moralmente, todas as ações que fujam aos princípios da justiça são comprometedoras. Isso tanto vale para o ladrão que rouba ladrão quanto para a esposa que trai o marido adúltero.

ATUALIDADE

Astrologia

1 – *Os astros governam nossa vida?*

Apenas no imaginário popular, sempre propenso a aceitar fantasias sobre os mistérios do destino humano. Há pessoas especializadas em ler o nosso futuro na borra de café, nas vísceras humanas, no cocô de criança... Ninguém perde dinheiro apostando na ingenuidade humana.

2 – *Mas a astrologia é milenariamente cultivada, situada como complexa ciência...*

Para os sonhadores. A astronomia, esta sim uma verdadeira ciência, demonstra que os movimentos dos astros não guardam a mínima relação com o destino das pessoas.

3 – *O fato de nascermos sob determinado signo, uma conjunção de astros no céu, no dia de nosso nascimento, não influi, de certa forma, em nossa personalidade, em nossa maneira de* ser?

Nossa personalidade é fruto de experiências pretéritas, em vidas anteriores. Admitir que o indivíduo possa ser manso ou um troglodita, ter ouvido afinado ou não saber distinguir um fá de um dó, ter vocação para o estudo ou odiar livros, por influência astrológica, é algo tão extravagante quanto a doutrina das graças, segundo a qual Deus teria seus escolhidos para a salvação. E a justiça, onde fica?

4 – *Como explicar o fato de que os horóscopos definem o perfil psicológico da pessoa, de conformidade com seu signo?*

O perfil psicológico no horóscopo é feito de generalidades. As pessoas sempre se encaixam em algumas características apresentadas. Se consultarmos os doze signos do zodíaco verificaremos que em todos há algo de nossa personalidade.

5 – E quanto ao dia a dia? Há pessoas que leem diariamente seu horóscopo com boa margem de acertos.

Também é feito de generalidades. Algo como dar tiros no escuro. Alguns atingirão o alvo. Considere, ainda, que sob influência do horóscopo as pessoas criam condicionamentos. Digamos que eu leia que o dia não me será favorável; terei dissabores e contrariedades. Admitindo essa idéia assumirei uma postura negativa que me levará a ver dissabores e contrariedades nas rotinas diárias e até contribuir para que aconteçam.

6 – Poderia ser o contrário...

Exatamente. Se eu me convenço, porque li no horóscopo, de que meu dia será maravilhoso, assim tenderá a acontecer, porquanto estarei estimulado a cultivar o bom humor, a alegria, os bons pensamentos, convicto de que tudo correrá bem.

7 – Estaria isso tudo condicionado ao poder de nossa mente?

É elementar. Por isso a recomendação basilar do Oráculo de Delfos não é: *Homem, conhece a astrologia.* Recomenda: *Homem, conhece-te a ti mesmo.* À medida que nos aprofundarmos nesse imenso universo que é a nossa alma, decifraremos com muito mais propriedade o próprio destino.

8 – E a opinião do Espiritismo?

No livro *A Gênese,* capítulo VI, Allan Kardec destaca a impropriedade da astrologia, citando fatos científicos. A pá de cal sobre o assunto está na questão 867, de *O Livro dos Espíritos.* Pergunta o Codificador: *Donde vem a expressão: nascer sob uma boa estrela?* Respondem os Espíritos mentores, incisivamente: *Antiga superstição, que prendia às estrelas os destinos dos homens. Alegoria que algumas pessoas fazem a tolice de tomar ao pé da letra.*

Futebol

1 – *O acontecimento mais importante do esporte, a Copa do Mundo de Futebol, que empolga todos os povos, atrai, também, a atenção dos Espíritos?*

Depende. Espíritos Superiores, dedicados aos serviços do Bem, em permanente aperfeiçoamento espiritual, sobrepõem-se a esses eventos. Espíritos ainda ligados à existência física empolgam-se com eles.

2 – *Torcem por seus países? Comparecem aos estádios?*

Considerando que podem viajar de graça e entrar nos estádios sem pagar ingresso, é bem provável que engrossem as respectivas torcidas, assistindo com emoção aos jogos.

3 – *Como está na questão 459, de* O Livro dos Espíritos, *é grande a influência que recebemos da espiritualidade. É possível, assim considerando, que os Espíritos possam influenciar no resultado de uma partida?*

Um treinador de futebol dizia que se essa ação espiritual tivesse alguma influência no resultado, todos os jogos terminariam empatados na Bahia, porquanto é prática comum, envolvendo as torcidas, rituais e despachos, evocando a proteção de entidades espirituais.

4 – *Nas cinco copas vencidas pelo Brasil houve uma repercussão benéfica, um clima de euforia que favoreceu a própria economia. Não haveria aí a ação da Espiritualidade Maior, em benefício do país?*

Se assim fosse, seria mais justo e sensato que os Espíritos Superiores favorecessem países africanos paupérrimos, que têm participado da competição sem jamais chegar sequer às finais.

5 – *Não podem Espíritos presentes no campo aproximar-se dos jogadores, ajudando-os, por exemplo, a marcar "aquele" gol, tão impossível que se fala em "gol espírita"?*

A ação numa partida de futebol é muito rápida. Não dá para um Espírito influenciar o jogador para que faça determinada jogada, que o goleiro execute determinada ação, que o atacante chute de determinada forma ou execute determinado drible.

6 – *A torcida é o chamado décimo segundo jogador, pelos estímulos que oferece aos jogadores. Não podem os Espíritos, talvez com maior propriedade, organizar-se para vibrar em favor de determinado time?*

É até possível que aconteça, não no sentido de determinar o resultado da partida, mas de favorecer os jogadores para que se sintam mais animados e eficientes e possam disputar uma boa partida, sem complicações, sem contusões. Isto, naturalmente, vai depender do fator sintonia. Digamos que o jogador habituado à oração receberá melhor esses estímulos, o que o favorecerá, principalmente em relação à sua integridade física.

7 – *A que você atribui o sucesso do Brasil nas copas do mundo?*

A um processo de seleção natural. O futebol é o esporte mais popular do país, praticado por milhões de brasileiros. Quanto mais gente dedicada a determinada atividade esportiva, maior a quantidade de jogadores competentes. É a mesma razão pela qual os americanos são imbatíveis no basquete, e os russos são imbatíveis no xadrez.

8 – Ganharemos a próxima Copa?

Vamos torcer! Mas há um *campeonato* infinitamente mais importante, em que devemos nos empenhar para que nosso país faça boa figura. O campeonato da qualidade de vida, com mobilização de recursos que permitam à população viver em padrões de dignidade humana, atendidas as necessidades básicas de saúde, habitação e educação, numa sociedade organizada em termos de honestidade e justiça. Aqui ainda perdemos feio!

O segredo

1 – *Como explicar o sucesso de livros como "O Segredo", de Rhonda Byrne, com milhões de exemplares vendidos?*

Não há nenhum segredo. A autora simplesmente compilou opiniões de vários autores sobre o poder do pensamento positivo, que exalta a possibilidade de se conseguir sucesso, dinheiro, saúde, felicidade, cultivando idéias otimistas, o chamado *alto astral*.

2 – *É uma ideia nova?*

A própria autora explica que não. Conforme está no *Eclesiastes* (1:9), não há nada de novo debaixo do Sol. As ideias novas reciclam velhos princípios.

3 – *Há quem considere tais princípios como uma xaropada, sem respaldo científico.*

Fica difícil falar em respaldo científico a propósito desse assunto. O pensamento positivo envolve fatores fora do alcance da ciência materialista. Um indivíduo otimista, comportamento equilibrado, disposto a enfrentar desafios, sintoniza com correntes de vida mental superior, recebendo estímulos preciosos em favor da realização de seus propósitos. Está bem de acordo com a ideia de que o Universo conspira a favor do que pretendemos. Esses estímulos não podem ser detectados em laboratório.

4 – *Tanto para o Bem quanto para o mal?*

Sem dúvida. Assim como há correntes de vida mental positiva, há as negativas. Somos um dínamo-psiquismo. Emitimos energias e as assimilamos de conformidade com o fator sintonia. Nesse particular podemos dizer que o Universo pode conspirar, também, contra nós. Depende do rumo que imprimamos aos nossos pensamentos.

5 – *Sucesso ou insucesso, em nossas pretensões, dependeriam, portanto, de nossa capacidade de sintonizar bem, em relação aos nossos desejos, cultivando pensamentos positivos?*

Em princípio, sim. Mas não é o bastante. Diz Jesus, no *Sermão da Montanha* (Mateus, 7:7): *pedi e se vos dará, buscai e achareis, batei e se vos abrirá.* Essa orientação associa o pensamento positivo à iniciativa, algo fundamental para que tenhamos sucesso em nossas cogitações. Devo confiar na ajuda de Deus em relação às minhas necessidades e propósitos, mas é preciso sair a campo e bater na porta da oportunidade. Jesus dizia, também, (Mateus, 17:20) que se tivermos fé transportaremos montanhas. Não se sabe de ninguém que o tenha feito com a força do pensamento. Mas montanhas são removidas com a confiança em Deus, um carrinho e uma pá.

6 – *E quanto às multidões que cultivam a iniciativa e o pensamento positivo sem alcançar a realização de seus desejos? Não seria uma negação desse princípio?*

Não será porque não foram firmes em seus propósitos, nem exercitaram a iniciativa? Há que se considerar, ainda, as situações que configuram resgates expiatórios. Por maior seja a fé, a iniciativa, o pensamento positivo, nosso destino pode ser diferente do que pretendemos.

7 – *Poderia citar alguns exemplos?*

A morte de um ente querido, paciente terminal. Por maiores sejam os recursos que mobilizemos, por maior seja a nossa fé, por mais firme o pensamento positivo em favor da cura, ele vai morrer. Uma mulher estéril, em face de problema cármico, não conseguirá seu propósito, ainda que mova os melhores recursos, se estiver diante de uma provação que ela mesma escolheu.

8 – *Como conciliar essas alternativas envolvendo nossos desejos e os desígnios divinos, de forma a que estejamos sempre em paz?*

Voltamos ao Sermão da Montanha, quando Jesus recomenda (Mateus, 6:33): *Buscai o Reino de Deus e sua justiça e tudo o mais vos será dado por acréscimo.* O bem material, a casa maravilhosa, o automóvel possante, o *negócio da China*, o casamento dos sonhos, o esperado filho, a cura para o mal, tudo isso se torna secundário, quando nos dispomos a cumprir os desígnios divinos, cultivando o Bem e a Verdade. Com esse empenho entramos em sintonia com as bênçãos de Deus. Isso nos proporcionará uma vida feliz, mesmo quando ela não atenda aos nossos anseios.

Corrupção

1 – *Sucedem-se os governos no Brasil e perpetua-se a corrupção, em todos os níveis de atividade, na área pública e privada. Está na alma do brasileiro?*

A corrupção está na alma da Humanidade, excrescência do comportamento egoístico que caracteriza os habitantes deste planeta de provas e expiações. A preocupação exacerbada com o próprio bem-estar e, no caso, com os patrimônios materiais, inspira e sustenta a desonestidade.

2 – *Mas essa tendência parece ser mais forte em nosso país.*

A tendência é universal. Ocorre que em países desenvolvidos é controlada e punida. A impunidade no Brasil, principalmente em relação aos que mais se comprometem com a corrupção, é assustadora. Com raras exceções, somente os pobres vão parar na cadeia.

3 – No seu entender, quais as medidas que deveriam ser tomadas pelo governo?

Compete-lhe aprimorar os controles e instituir mecanismos que levem à punição exemplar dos infratores. Mas isso não basta, já que sempre haverá espertos capazes de burlar as leis. A educação orientada para a cidadania é o caminho mais acertado, estabelecendo controles a partir da consciência de que ser cidadão é, acima de tudo, respeitar as leis.

4 – E quanto ao Espiritismo?

Há duas frentes de ação, inspirando a honestidade. Em primeiro lugar, também a educação, não a formal, mas a educação espiritual. Com a consciência de que somos Espíritos imortais em jornada de evolução na Terra, onde nos compete combater os impulsos egoísticos que favorecem a corrupção, somos decisivamente estimulados a respeitar as leis.

5 – E a segunda frente?

Mostrar que *todos* responderemos por nossas ações quando retornarmos ao Mundo Espiritual, em observância plena à advertência de Jesus de que a cada um será dado segundo suas obras (Mateus, 16:27). Quem está consciente dessa realidade será sempre o fiscal incorruptível de si mesmo.

6 – *Essa advertência está presente em todas as religiões, sem muita ressonância na alma dos fiéis. Por que o Espiritismo seria mais convincente?*

As noções das religiões tradicionais sobre a vida espiritual são fantasiosas. Falam das coisas do Além, a partir de especulações dos que vivem na Terra. O Espiritismo fala a partir de informações dos que lá vivem, mostrando de forma clara e incisiva as consequências do comportamento humano. O saber é sempre mais incisivo do que o imaginar.

7 – *Qual seria o castigo da corrupção?*

Diz Dante, em *A Divina Comédia,* que os adeptos do princípio *com dinheiro, qualquer não vira um sim,* vão parar numa vala de piche fervente, no inferno, atormentados por demônios perversos. Suas fantasias guardam algo da realidade espiritual. Em *O Céu e o Inferno,* Allan

Kardec reporta-se a Espíritos comprometidos com o erro, o vício, o crime, a desonestidade, enquanto encarnados. Inúmeros deles descrevem, em manifestações mediúnicas, seus tormentos morais, *piche fervente* em suas consciências, reunidos, por afinidade, em correspondência à natureza de seus crimes, em tenebrosos vales de sofrimento.

8 – A honestidade seria o passaporte para regiões mais amenas?

Sim, mas não basta cumprir as leis dos homens. Sobretudo, é preciso ser honesto perante Deus, como explica o Espírito Joseph Brê, dirigindo-se à sua neta, na obra citada: *Honesto aos olhos de Deus será aquele que, possuído de abnegação e amor, consagre a existência ao bem, ao progresso dos seus semelhantes; aquele que, animado de um zelo sem limites, for ativo na vida; ativo no cumprimento dos deveres materiais, ensinando e exemplificando aos outros o amor ao trabalho; ativo nas boas ações, sem esquecer a condição de servo ao qual o senhor pedirá contas, um dia, do emprego do seu tempo; ativo finalmente na prática do amor a Deus e ao próximo.*

Autoajuda

1 – Estão em moda os manuais de autoajuda. O que são?

Geralmente, sob o ponto de vista do autor, um conjunto de regras que, observadas, conduzem a uma existência produtiva e feliz.

2 – Atingem seus objetivos?

Quando originais e bem escritos atingem o principal objetivo, que é produzir dinheiro para o autor, a editora, as livrarias... Vendem bem.

3 – Mas o leitor também se beneficia?

Pode resultar em algum benefício, não tanto pela sua eficiência, mas pelo simples fato de que o empenho em colocar em prática as regras apresentadas impõe alguma disciplina ao leitor. É o que falta às pessoas em geral, complicando-lhes a existência.

4 – E quanto às regras sugeridas?

São sugestivas, mas sempre voltadas para o sucesso pessoal, a prosperidade material, não raro levando a um comportamento falso e interesseiro, inspirado na hipocrisia. Quando seguem nessa direção, induzem a perigosos equívocos.

5 – Um exemplo?

Dale Carnegie talvez tenha sido o primeiro autor dos livros de autoajuda, com seu *Como Fazer Amigos e Influenciar Pessoas*, publicado em 1937, nos Estados Unidos, com regras para alcançar esses objetivos. Vendeu mais de 15 milhões de exemplares. Lembro-me de um leitor que dizia a um amigo: *Fiz tudo o que o livro manda, em relação a uma pessoa que desejava influenciar. Dei atenção ao que falava, valorizei suas palavras, enalteci sua inteligência, elogiei sua postura. Tenho certeza de que fiz um amigo. Mas, que inimigo ele fez! Não suporto seu comportamento vaidoso e petulante!* Sob inspiração dessa orientação, o leitor exercitou a mentira, a hipocrisia e a crítica ferina.

6 – O que falta a esses manuais?

A coragem de dizer ao leitor que seus problemas maiores decorrem de suas próprias imperfeições, de sua visão desfocada do mundo, dos sentimentos negativos que cultua. Que é preciso mudar sua atitude perante o semelhante, buscando sinceramente o esforço da solidariedade e do entendimento.

7 – Por que os autores não fazem isso?

Porque sabem que teriam dificuldade para vender o seu peixe. As pessoas não querem ninguém a apontar suas mazelas, a recomendar-lhes que se modifiquem. Querem fórmulas fáceis e imediatas de sucesso e de felicidade.

8 – Qual seria o manual ideal de autoajuda, nesse particular?

O Sermão da Montanha, discurso pronunciado por Jesus, em que ele troca em miúdos o conceito de que nossa felicidade é uma conquista pessoal, a partir do empenho de praticar o Bem, mais exatamente fazer pelo semelhante o que gostaríamos que fizesse por nós.

COMPORTAMENTO

Tomar vergonha

1 – A Doutrina Espírita nos ajuda a identificar nossas falhas. Mesmo assim, não mudamos nossa forma de agir. Por que isso acontece?

Ocorre que essa postura é superficial, jogo de cena conosco mesmos. Falta aquele *cair em si*, de que trata Jesus, na *Parábola do Filho Pródigo* (Lucas, 15:11-24), em que o indivíduo reconhece a extensão de sua miséria moral, o quão distanciado está de Deus, e dispõe-se a caminhar ao Seu encontro. Minha avó traduzia isso dizendo que é preciso *tomar vergonha.*

2 – Sabemos que a Vida vem sendo comprometida no planeta em face da poluição produzida pelo Homem, que não respeita a Natureza. Por que agimos assim?

Falta *tomar vergonha* em relação ao assunto, assumindo uma consciência ecológica que nos leve a vigiar nosso comportamento nos contatos com a Natureza, tanto quanto devemos vigiar nossas iniciativas no relacionamento com o próximo.

3 – *Considerando o clima de violência na atualidade, podemos dizer que muitos Espíritos estão fracassando em sua última oportunidade de renovação, despedindo-se da Terra, que já estaria deixando a condição de Mundo de Provas e Expiações e sendo promovida a Mundo de Regeneração?*

Corremos sérios riscos se isso estiver acontecendo, porquanto, como ensinava Jesus no *Sermão da Montanha* (Mateus, 5:5), ficarão na Terra os que houverem conquistado a mansuetude. Para uma Humanidade *sem vergonha,* o vocábulo *manso* tem uma conotação pejorativa. Usá-lo ao nos dirigirmos a alguém soa ofensivo.

4 – *Como você definiria a expressão* manso, *sob o ponto de vista evangélico?*

É alguém que venceu a agressividade, guardando as raízes de sua estabilidade emocional em si mesmo, não nos outros. Não *reage* aos estímulos externos. *Age,* conforme o ajuste interno efetuado à luz dos ensinamentos de Jesus, a partir do momento em que *tomou vergonha.*

5 – A condição de Mundo de Regeneração, de que falam os Espíritos, estaria, então, distante?

Tão distante quanto nos encontramos da agressividade para a mansuetude. Creio que muita água vai rolar no rio do tempo até que *tomemos vergonha,* superando estágios primários de evolução que nos situam perto da taba.

6 – Poderíamos dizer que a Misericórdia Divina exercita a paciência nesse sentido?

Deus não tem pressa. Obviamente haverá o momento em que os recalcitrantes deixarão nosso planeta e serão confinados em mundos inferiores, onde a mestra Dor atuará com mais rigor. Chega o momento em que um pai, até por amor ao filho, será compelido a dar-lhe umas boas palmadas, a fim de que *tome vergonha.*

7 – Qual a importância da religião em favor desse objetivo?

A religião é o estímulo para que cultivemos o aspecto sagrado da existência, buscando cumprir os compromissos que assumimos ao reencarnar. Ajuda-nos nessa empreitada, mas pouco valerá se não estivermos dispostos a *tomar vergonha.*

8 – Considerando os esclarecimentos que nos oferece a respeito da vida espiritual, onde colheremos as consequências das ações humanas, podemos dizer que o Espiritismo nos ajuda a lidar melhor com os desafios da existência?

Sem dúvida! Quem sabe de onde veio, por que vive na Terra e para onde vai, certamente estará mais bem orientado nesse sentido. Não obstante, ainda aqui, a mudança de rumo, em favor do melhor, o tomar *vergonha na cara* é muito mais uma questão de *acordar* do que de *aprender*. Usando uma expressão popular, seria *ligar o desconfiômetro,* muito mais cumprir a sinalização da Vida, do que simplesmente conhecer seus regulamentos.

Mentira

1 – *É errado mentir para evitar um problema, por exemplo, quando um amigo pede cartão de crédito emprestado?*

Há alternativas mais razoáveis. Dizer, por exemplo, que cartão de crédito é como escova de dente. Uso pessoal e intransferível. Se ele se aborrecer, você saberá que ele não costuma *escovar* a consciência, já que não é justo constranger um amigo com solicitações dessa natureza.

2 – *Como nos defendermos de pessoas que mentem a nosso respeito para nos prejudicar?*

Descubra aspectos positivos de seu comportamento e os ressalte para amigos em comum. Seu desafeto acabará sabendo. Falar bem dos que nos criticam é a melhor maneira de modificar suas disposições a nosso respeito. Ninguém resiste a um elogio sincero.

3 – É razoável mentir para ajudar alguém?

No livro *Os Miseráveis,* obra-prima da literatura universal, Victor Hugo reporta-se a uma freira que tinha a fama de jamais mentir. Um comissário de polícia procurava Jean Valjean, foragido da justiça, que supunha estar escondido no convento onde ela vivia. Sabendo tratar-se de incondicional amiga da verdade, perguntou-lhe se ele estava ali. Sem titubear, ela respondeu que não. Mentiu pela primeira vez em sua vida. Mentira mais que razoável. Visava proteger um homem de bem, injustamente perseguido pelo comissário.

4 – Vem ganhando corpo entre os médicos a ideia de que é preciso dizer sempre a verdade ao paciente, mesmo que ele seja portador de grave moléstia, como o câncer. É razoável essa postura?

Depende do paciente. Certa feita Chico Xavier pediu auxílio a Emmanuel para um familiar que estava com câncer. O seu orientador prometeu que ajudaria, mas recomendou que não se dissesse nada ao doente, porquanto, pela sua maneira de ser, ele já se imaginaria morto, anulando o auxílio do mundo espiritual. Portanto, é preciso avaliar como o paciente irá receber a informação.

5 – *Estudos de comportamento concluem que as pessoas mentem o tempo todo, geralmente por conveniência. É aceitável?*

É lamentável. Revela a profunda imaturidade que caracteriza o comportamento humano, no estágio em que nos encontramos, com a disposição de resolver uma situação apelando para o engodo. Exemplo clássico é o *não tem nada não* com que as pessoas despacham o pobre que bate à sua porta.

6 – *Espiritualmente, há algum inconveniente na mentira?*

Jesus recomendava (Mateus, 5:37): *Seja o vosso falar: Sim, sim; Não, não; porque o que passa disto é de procedência maligna.* Isso significa que a mentira chega sempre das faixas mais escuras do comportamento humano, com consequências danosas para nós.

7 – *E quais seriam?*

Quando Pinóquio, do célebre conto infantil, mentia, o seu nariz crescia. É evidente que nosso nariz não cresce quando mentimos. Se assim fosse, muita gente teria dificuldade para entrar em casa. Mas desajusta-se o nosso psiquismo, situando-nos à mercê de Espíritos perturbados e perturbadores.

8 – *No que resultaria a eliminação da mentira?*

Eu diria que eliminaríamos a maior parte dos males do Mundo, porquanto eles estão associados à mentira. Sem a mentira não haveria adultério, corrupção, demagogia, desonestidade, especulação, estelionato... A lista iria longe.

Renovação

1 – Fala-se que estamos na Terra para sofrer, enfrentando ofensas, incompreensões, agressões e que não devemos reagir, nem guardar mágoas... Qual a receita?

Depende do estágio em que nos encontramos. Se for o da taba, será difícil conter o impulso de reagir na proporção dos estímulos recebidos, em termos de *ele verá do que sou capaz!* Conquistaremos a civilização quando estivermos tão empenhados em vivenciar o Evangelho que jamais nos irritaremos com as grosserias alheias.

2 – Como agir diante de colegas de serviço que caçoam de minha condição de espírita?

Agradeça a Deus pela suavidade do testemunho a que é convocado. No passado costumavam queimar os cristãos ou transformá-los em objeto de caça para feras famintas. Eles submetiam-se ao martírio entoando hinos de louvor a Jesus. Você não precisa chegar a tanto. Apenas sorria. Se não reagir negativamente, seus colegas perderão a motivação.

3 – *Há cinco anos frequento um Centro Espírita.Sou médium, e ainda não consegui ser uma espírita caridosa. Sempre que penso em fazer algo, dá errado. É problema material ou espiritual?*

É problema de orientação. O exercício da caridade não pede lugar, tempo, espaço, circunstância... Não é um comportamento para determinada situação, mas uma atitude perante a vida. Assim, nas vinte e quatro horas do dia somos convocados ao seu exercício, na ajuda à família, ao necessitado, à comunidade... À medida que nos imbuímos desse propósito e o colocamos em prática, multiplicam-se as possibilidades de sermos caridosos, até mesmo em iniciativas singelas como a remoção de uma pedra na via pública, passível de provocar acidentes.

4 – *Às vezes penso em me vingar de pessoas que me fazem mal, mas me seguro. Mesmo assim cometo grave pecado só em pensar?*

Considerando com Jesus que o pecado mora na intenção, se você pensa em revidar, está enquadrado. Menos mal se consegue conter-se. Melhor ainda se não se aborrecer, considerando que prejuízos morais e materiais de que sejamos vítimas acabam por nos fazer bem. Testam nossas aquisições morais do presente, resgatam nossos débitos do pretérito.

5 – *Estou tentando mudar o meu modo de viver. Tenho conseguido algum progresso. Deixei de falar palavrões, evito o mau humor, e não retruco quando me incomodam, mas às vezes sinto imensa tristeza, choro muito, depois passa. O que é isso?*

É o *homem velho* reclamando, sob inspiração de seus *amigos* espirituais, obsessores que exploram suas mazelas e que não querem perder o domínio que exercem sobre você. Batalham para não ficar sem seu *instrumento*. Insista no caminho escolhido. Eles acabarão desistindo e você terá uma vida mais tranquila e feliz.

6 – O tipo de vida que levamos é pré-determinado? A minha é uma droga.

Depende do que você pretende ao falar em *droga.* Se for remédio, nossa vida geralmente é, sim, uma droga. Dificuldades, dissabores, problemas variados que enfrentamos na Terra, são remédios abençoados que nos curam as mazelas do egoísmo, aproximando-nos de Deus. Se você usa o termo no sentido pejorativo, de experiência ruim, é um usuário de sentimentos negativos. Experimente desintoxicantes como otimismo e bom ânimo, com uma pitada de Evangelho.

7 – "Errar é humano, insistir no erro é burrice" – diz o velho ditado. Por que, mesmo sabendo que algo é errado, reincidimos? Como fazer para que isso não aconteça?

É que ainda estamos mais próximo das bestas, à distância dos anjos. Daí o fato de *empacarmos*, nos caminhos de nossa renovação, em reiterados enganos. Por isso, Paulo proclamava (Rm, 7:19): *Porque não faço o bem que quero, mas o mal que não quero esse faço.* Não obstante, aprendemos com o Espiritismo ser imperioso que lutemos contra nossas tendências, fazendo prevalecer o Bem, antes que venham os esporões da Dor para nos *desempacar*.

8 – *Embora estudando o Espiritismo, não consigo vencer minhas angústias. Trago marcas profundas. Fui muito magoada no passado por pessoas de meu relacionamento. Por que isso acontece?*

Cultivar o passado é revivê-lo a cada momento. Você está agindo como alguém que impede a cicatrização de um ferimento, aplicando-lhe ácido, diariamente. Quando deixar de ter pena de si mesma e viver o presente, sepultando o passado, ficará bem.

Conflitos

1 – Uma série de coisas ruins estão acontecendo em minha vida. O que é isso? Até onde irá?

Não seria melhor dizer que há uma série de coisas boas em sua vida? Pense bem e as encontrará. Por exemplo, a capacidade de pensar e agir e até de mudar a ótica da Vida para compreender que coisas ruins são as que decorrem de nosso envolvimento com o mal. Tudo o mais será muito bom, se aprendermos com nossas experiências.

2 – *O que devemos fazer quando percebemos muita inveja e antagonismo em nosso ambiente de trabalho?*

Partindo do velho princípio de que vemos nos outros o que está em nós, seria interessante lembrar com Jesus (Mateus, 7:3-5) que costumamos ver ciscos em olhos alheios e não enxergamos lascas em nossos olhos.

3 – *Por que o ser humano, quando sob pressão em seu dia-a-dia, se vê incomodado e descarrega em outras pessoas?*

As pressões são naturais em nosso cotidiano, envolvendo saúde, profissão, trânsito, família, negócios, problemas, dificuldades... *Tiraremos de letra,* se as válvulas de nosso psiquismo estiverem funcionando de forma adequada, a partir da fé irrestrita em Deus, a confiança em nós mesmos e o exercício da boa vontade em favor do próximo. Com semelhante postura, evitaremos explosões de impertinência e agressividade que nos fazem perder as estribeiras, conturbando o ambiente e perturbando as pessoas.

4 – *Participo de um Centro Espírita há algum tempo, mas enfrento sérias dificuldades com meus pais. Eles alegam que o Espiritismo é obra do diabo e me criticam muito. O que devo fazer?*

Demonstre-lhes que o Espiritismo o faz mais estudioso, mais alegre, mais confiante, mais cordato, mais atencioso, mais amoroso, mais compreensivo, mais amigo. Eles concluirão que tudo isso só pode vir de Deus. Talvez até se interessem em conhecer a Doutrina. A melhor pregação é a do exemplo.

5 – *Como lidar com adolescentes que se vestem de negro, não gostam da luz, da vida ao ar livre e reverenciam tudo o que é negro, escuro?*

O espírito humano é um prodígio de versatilidade. Há quem seja capaz de adaptar-se até às trevas do umbral, de tal forma que ao reencarnar conserva hábitos, digamos, umbralinos, sustentados pelas *tribos urbanas* das quais participam, formadas por gente que veio de lá. Normalmente essa impregnação tende a desaparecer na vida adulta, quando o adolescente *cai na real*, chamado às responsabilidades da vida em sociedade. Até lá, e para que logo venha esse tempo, é ter paciência, procurando ajudar sempre, sem discriminar nunca.

6 – *Como agir diante de um patrão com excesso de poder e orgulho, que persegue e maltrata seus subordinados, humilhando-os?*

A besta responde aos coices escoiceando. Se quisermos agir racionalmente, devemos ensinar boas maneiras aos que não as possuem, exemplificando respeito, tolerância, compreensão... Por mais deseducado seja um patrão, não conseguirá ser rude, indefinidamente, com alguém que o trata com urbanidade, sem deixar-se afetar por suas impertinências. Não obstante, não se imagine vivendo um carma. Nada o impede de procurar outro emprego.

7 – *Tenho a mente conturbada. Penso em suicídio, mas não tenho coragem. Acho que do outro lado é bem melhor e lá vou encontrar a paz com o homem de minha vida, pois tenho a sensação de que ele não está aqui. Peço a morte a Deus, todos os dias. Por que não me atende?*

Certamente porque o Senhor tem outros planos, esperando que você crie juízo e se compenetre de que a paz não depende de encontrar o *homem de sua vida.* Muito mais importante é *encontrar seu Destino,* definir o que veio fazer na Terra, já que não é por acaso que se encontra aqui e muito menos para criar *macaquinhos no sótão.*

8 – *Por que, quanto mais crescemos espiritualmente, mais influências espirituais nos envolvem para nos derrubar?*

Conforme velho ditado popular, *ninguém atira pedras em cachorro morto.* Enquanto estamos *mortos* para os valores espirituais, não incomodamos Espíritos interessados em explorar nossas fraquezas. Nossa *ressurreição,* o *acordar* para os objetivos da existência, mudando os rumos de nossa vida, é que os irrita e motiva. A solução é perseverar, melhorando sempre nosso padrão vibratório, com o que nos livraremos de sua influência. E é sempre bom lembrar com o apóstolo Paulo (Rm, 8:31): *... se Deus é por nós, quem será contra nos?*

Frustrações

1 – *Anseio por um casamento estável, que me faça feliz, mas nunca dá certo. Já colhi três fracassos. Como fazer?*

Você está cometendo um engano. Pretende que o casamento dê certo para ser feliz, sem perceber que é preciso que seja feliz para que o casamento dê certo. A felicidade, por sua vez, não está subordinada à satisfação de nossos desejos diante da vida, mas ao desejo de compreender o que a vida espera de nós.

2 – *O que deve fazer uma pessoa que ama e não é correspondida?*

Deve cuidar da Vida. Alimentar ilusões em torno de alguém que não corresponde às nossas expectativas é marcar passo na jornada humana, sofrendo inutilmente. A ideia de que não se pode ser feliz sem um amor correspondido exprime um equívoco cometido por aqueles que não compreendem que o amor à vida é a grande fonte de felicidade.

3 – *Há dois anos sofri uma desilusão e não consegui mais me encontrar. Por que isso acontece?*

É porque você está convivendo com um cadáver. Em princípio a desilusão é algo positivo. Significa que estávamos iludidos. É a morte da ilusão. Infelizmente, as pessoas costumam guardar esse cadáver no armário do dia-a-dia. É horrível! Cheira mal! Melhor cuidar da vida, sem alimentar fantasias, sepultando-o no cemitério do esquecimento.

4 – *Tive um namorado que amei muito. Ele desencarnou antes do casamento. Hoje sou casada com outro, mas sinto certa nostalgia. É possível a convivência com dois amores?*

Devemos ser monógamos no amor romântico e polígamos no amor fraterno. O primeiro é um compartimento fechado, estreito, onde não é aconselhável conviverem mais de duas pessoas. O amor fraterno é um universo – cabem filhos, pais, irmãos, amigos, colegas, ex-namorados... E há alternância no processo reencarnatório. O filho de hoje pode ser o namorado querido de ontem, ensaiando estágios mais elevados de afetividade, nos domínios do Amor.

5 – *Duas pessoas, que se amam e renunciam ao amor nesta encarnação para não causar sofrimentos a alguém, poderão ser felizes e realizar seu amor numa próxima?*

O amor verdadeiro, envolvendo a comunhão de duas almas ligadas por legítima afinidade, tem cunho de perenidade. No desdobramento das experiências reencarnatórias podem ficar transitoriamente separadas, por força de seus compromissos, mas sempre retornarão ao convívio, estreitando laços de afetividade.

6 – *Não ter sorte no amor é carma? Sempre que conheço alguém e acho que vai dar certo, acontece alguma coisa para atrapalhar. Todos dizem que sou muito bonita e também sou boa, pratico a caridade... Por que não encontro meu príncipe encantado?*

Costuma-se dizer que *casamento e mortalha no céu se talham*. Você acabará por encontrar aquele que lhe foi *talhado*. E para que o relacionamento engrene, nunca diga que não tem sorte. Como explicava Camões, *no mundo não tem boa sorte, senão quem teve por boa a sorte que tem.* A graça da Vida, favorecendo relacionamentos felizes, está no próprio encanto de viver.

7 – Conheci um rapaz recentemente. Está me fazendo sofrer muito, pois é genioso, revoltado e grosso. Será o meu carma?

Carma configura situações que não podemos mudar. Como você pode perfeitamente recomendar-lhe que vá *plantar batatas*, não está às voltas com um resgate imposto pela lei de causa e efeito. Despache o *carma*.

8 – Sou uma mulher jovem e bonita. Sinto a frustração de amar um homem casado. Devo abrir-me com ele, demonstrando que ele é o homem de minha vida?

Para quê? Para confundi-lo e comprometer-se? É preciso cuidado. Quando nos entregamos a devaneios é fácil nos envolvermos com fantasias amorosas que podem causar sérios embaraços a nós mesmos e a outras pessoas. A melhor demonstração que você pode oferecer, não a ele, mas a si mesma, desse amor, é deixá-lo ser feliz no caminho que escolheu, sem tentá-lo com declarações que possam induzi-lo a desvios. Amar alguém de forma legítima é querer seu bem, mesmo quando não façamos parte de sua existência.

Beleza

1 – *A cirurgia plástica está bastante desenvolvida na atualidade. Técnicas modernas tornaram os procedimentos mais simples e acessíveis. É lícito, sob o ponto de vista espiritual, buscar a beleza física dessa forma?*

Costuma-se dizer que para sermos felizes devemos gostar de nós mesmos. Isso envolve, também, a aparência. É razoável, portanto, que a pessoa não satisfeita com seu visual trate de melhorá-lo.

2 – *Isso não seria incensar a velha vaidade humana?*

Considerando assim deveríamos renunciar aos cuidados com o vestuário, os cabelos, a higiene, retomando a postura do homem das cavernas. Todos apreciam uma pessoa elegantemente trajada, cabelos bem penteados, suave perfume...

Igualmente apreciável uma boa postura, ar saudável, expressão jovial, harmonia nos traços, ausência de rugas...

3 - *Há gente que se preocupa demasiadamente com isso. Não é errado?*

Obviamente, todo excesso é condenável. Não obstante, há pessoas que, em face de sua profissão, devem observar cuidadosamente esses aspectos; modelos e artistas, por exemplo, cujo trabalho exige cuidados especiais com o visual.

4 – *Ainda que haja essa justificativa, não estão contrariando a natureza? Rugas e a calvície fazem parte do envelhecimento...*

Se pensarmos assim deveremos eliminar todos os recursos de preservação da saúde ou de combate à doença. Contrariamos a Natureza quando lutamos contra a morte.

5 – *Quando pretendemos corrigir, mediante cirurgia plástica, determinados problemas estéticos, como nariz adunco ou orelhas de abano, não estamos interferindo em nossa programação cármica?*

Herdamos de nossos pais as características físicas e não me parece que toda uma ancestralidade tenha *enfiado o nariz onde não devia* ou *não ouviu os avisos da vida*, justificando o nariz adunco ou as orelhas de abano, como pretendem aqueles que veem em tudo um carma.

6 – *E se a pessoa tem um legítimo problema cármico, uma deformação física, uma perna mais curta, lábios leporinos?...*

Se renasço com problema dessa natureza, em virtude de comprometimentos do passado, não significa que não possa corrigi-lo, amenizando a jornada. Se assim não fosse, Deus não permitiria que Sabin, com sua maravilhosa vacina, erradicasse a poliomielite, que fazia milhões de deficientes físicos, supostamente comprometidos com ações pretéritas que justificariam a doença.

7 – *Mas se experimento as dores de uma limitação física para pagar meus débitos e os corrijo com os recursos da Medicina, não estarei rejeitando o carma?*

A dor é apenas um estágio primário no processo de reajuste. A Medicina é manifestação da misericórdia divina, amenizando esse estágio. A conta maior está representada pela compensação que devo à minha vítima. Pretendendo causar prejuízos a alguém, chuto a vitrine de sua loja. No ato corto a perna e vou parar no hospital. Dependendo dos recursos que venha a mobilizar, inclusive cirurgia plástica, posso demorar mais ou menos na recuperação, ficar ou não com antiestética cicatriz. Mas o resgate de meu débito com o comerciante será o meu compromisso maior. Somente estarei liberado quando ressarcir os prejuízos que lhe causei.

8 – *E se aquele a quem prejudiquei não necessitar de uma reparação?*

Ainda assim estarei comprometido. Sentir-me-ei em débito com minha própria consciência, obrigando-me a ações compensatórias em favor do bem comum.

Resoluções

1 – *"Ano Novo, vida nova", prega o velho aforismo. É possível, realmente, fazer da passagem do ano um divisor de águas, buscando um novo comportamento, uma nova visão da existência, uma vida nova?*

Quando elegemos determinada data para o esforço de renovação, estamos debitando ao futuro algo que deve acontecer no presente. Se não queremos cair na vacuidade, é importante usar um aforismo bem mais consistente: *Não deixe para amanhã o que pode fazer hoje.*

2 – *Digamos que o fumante se conscientize de que o cigarro lhe faz mal e se proponha a marcar data para largar de fumar. Passa algumas semanas preparando-se. Isso não lhe dará a firmeza necessária?*

Se estivesse realmente consciente de que o cigarro lhe faz mal, pararia imediatamente, sem debitar ao futuro a iniciativa. Quando temos a ideia, mas não a consciência, chocho é o desejo de mudar. Por isso Mark Twain (1835-1910), grande escritor americano dizia, jocoso: *Largar de fumar é a coisa mais fácil do mundo. Eu mesmo já larguei mais de cem vezes.*

3 – *Não obstante, não seria importante uma reflexão natalina, avaliando o ano que se finda e cogitando do que pretendemos fazer no novo ano? Isso não favoreceria nossa adequação aos desígnios divinos?*

Todo empenho nesse sentido é válido, mas seria melhor que fizesse parte de um contexto, envolvendo o esforço permanente de renovação, como um corredor que avalia quanto já correu, enquanto segue em frente, buscando a meta a ser alcançada.

4 – *Segundo Santo Agostinho, há um momento em que a alma humana atinge a percepção dos valores espirituais, o que lhe inspira a disposição legítima para a renovação. Chama esse acontecimento de "iluminação". Ele próprio o experimentou. Poderíamos situar essa iluminação como uma graça divina?*

Com semelhante ideia estaríamos admitindo que Deus tem seus preferidos, seus eleitos, o que não é compatível com a justiça. A iluminação, aquele momento decisivo, em que o Espírito tem a percepção dos caminhos que lhe compete seguir, em favor da própria renovação, é fruto de nosso amadurecimento como Espíritos imortais, no desdobramento das existências.

5 – *Como situaríamos Francisco de Assis, nesse contexto?*

Ele já era um Espírito iluminado quando reencarnou com a gloriosa missão de motivar o movimento cristão para um retorno à primitiva pureza. Consta que teria sido um dos discípulos de Jesus, provavelmente João Evangelista.

6 – *A iluminação decorre do processo de amadurecimento do Espírito ou é algo que pode ser atingido mais rapidamente com o nosso esforço?*

Não somos vegetais à espera do tempo para crescer, florescer e frutificar. Somos seres pensantes, cuja maturidade está subordinada a esse esforço. Espíritos há que permanecem séculos dominados por vícios e imperfeições. Outros caminham mais rapidamente. O fumante inveterado não é pior nem mais atrasado que aquele que deixou o vício. Apenas não se dispõe ao mesmo esforço. Depende de cada um.

7 – *Como fazer para nos libertarmos de nossas limitações, do acomodamento, de forma a nos iluminarmos mais depressa?*

Jesus dizia (João, 8:32): *Conhecereis a verdade e a verdade vos libertará.* No atual estágio evolutivo nos é impossível uma visão da verdade em plenitude. Mas podemos assimilar parcela dela. Nesse particular o Espiritismo é imbatível, oferecendo-nos uma ampla visão das realidades espirituais, de onde viemos, para onde vamos. Sobretudo, a Doutrina nos conscientiza de que é preciso caminhar, a fim de não sermos atropelados pela dinâmica da Evolução, que impõe corretivos dolorosos aos que pretendem estagiar na inércia.

8 – *Qual a resolução mais importante em relação à progressão anual no calendário, no chamado Ano Novo?*

Creio que essa resolução deve ser tomada desde já, o propósito de fazer do ano em que estamos, um *ano aceitável do Senhor,* segundo a expressão de Jesus (Lucas, 4:19), o glorioso tempo em que estejamos empenhados em aceitar em plenitude a orientação do Mestre em favor de nossa iluminação para a conquista da paz, o tempero da felicidade.

Saúde

1 – *Que dizer das descobertas da Medicina, em relação à influência das emoções nos transtornos da saúde, originando variados males físicos?*

Podemos dizer que a Medicina está com um atraso de dois mil anos em relação ao assunto. Jesus já ensinava (Mateus, 6:22-23): *A lâmpada de teu corpo são os olhos. Se os teus olhos forem bons, todo o teu corpo terá luz. Se, porém, os teus olhos forem maus, todo o teu corpo estará em trevas...*

2 – *O problema parece estar relacionado não tanto com o mal que fazemos, mas com o mal que nos fazem, conturbando nossas emoções...*

Não é o mal que nos fazem que nos perturba, mas a forma inadequada de lidarmos com ele. Fazemos um grande mal a nós mesmos quando não relevamos o comportamento alheio, esquecendo valores evangélicos como o perdão, a compreensão, a compaixão...

3 – Poderia exemplificar?

Se a esposa encara um marido difícil e filhos-problema como um compromisso que assumiu perante a espiritualidade, no sentido de ajudá-los em suas limitações, não terá dificuldade em relevar seu comportamento agressivo ou deseducado, preservando a própria estabilidade.

4 – E quando ocorre uma saturação? Não estaria a esposa lidando com uma situação acima de suas forças, produzindo inevitáveis reflexos na economia orgânica?

Seria puro sadismo de Deus colocar-nos em situações acima de nossa capacidade de suportá-las. Segundo a sabedoria popular, o Criador jamais nos impõe uma cruz de peso superior às nossas forças. Há a história do indivíduo descontente com sua cruz, ao qual foi concedida a oportunidade de trocá-la. Numa pilha imensa de madeiros, fez cuidadosa escolha. Surpreso, constatou depois que se tratava da mesma cruz que lhe fora confiada anteriormente.

5 – *Para preservar a própria estabilidade seria, então, apropriado, diante dos problemas, fazer o jogo do contente, exercitado por Poliana, a heroína juvenil do livro de Eleanor H. Poter?*

É um começo, mas o Espiritismo nos ensina que não basta a resignação passiva, imaginando que poderia ser pior, como fazia Poliana. Devemos cultivar a resignação ativa, dinâmica, de quem procura fazer sempre o melhor. Não imaginar, ao receber um limão, que seria pior um jiló, mas usar o limão para fazer uma limonada.

6 – *No que o Espiritismo pode nos ajudar nesse particular?*

A Doutrina Espírita oferece uma visão abrangente da existência, explicando de onde viemos, para onde vamos e, sobretudo, mostrando-nos que as situações que vivenciamos na Terra não são acidentais. Família difícil, dificuldade financeira, limitações físicas, enfermidades crônicas, fazem parte de um quadro de experiências que, geralmente, nós mesmos planejamos, como recursos necessários a nossa evolução.

7 – *O segredo estaria em iluminar os olhos, conforme a proposta de Jesus?*

Sem dúvida, considerando, porém, que essa maneira iluminada de ver as situações não se relaciona apenas com o evitar o mal, mas, sobretudo, praticar o Bem.

8 – *Como você situaria esse empenho de praticar o Bem?*

Jesus nos orienta a respeito (Mateus, 7:12): *...Tudo o que quiserdes que os homens vos façam, fazei-o assim também a eles.* Em seu aspecto prático, a recomendação de Jesus está perfeitamente delineada na oração de uma senhora que pedia a Deus a ajudasse a florescer onde estava plantada. Onde estivermos e com quem estivermos, podemos florescer e frutificar, frutos abençoados de boa vontade e desejo de servir, enriquecidos pela enxertia do Evangelho.

FAMÍLIA

Anticoncepcional

1 – Qual a postura ideal, diante das solicitações do sexo?

Numa sociedade cristianizada imperará a monogamia, regida pelo amor legítimo, que transcende a mera atração física, sustentado por compreensão, fidelidade e respeito mútuos. O sexo será apenas parte do amor, exercitado com moderação.

2 – Será lícito, numa relação monogâmica, cônjuges vinculados à prática religiosa, o uso de contraceptivos, a fim de evitar-se uma gravidez indesejada?

Parece-me que sim, e o ideal seria o método natural, de Ogino-Knauss, o relacionamento sexual apenas nos períodos em que a mulher não está ovulando. No aspecto prático fica complicado, considerando-se que não é plenamente confiável, além de impor tempo certo para o sexo, o que tira a espontaneidade, importante fator para uma comunhão sexual satisfatória.

3 – *A preocupação em evitar a concepção não compromete a prática sexual, rebaixando-a a mera busca de prazer?*

Nos animais, conduzidos pelo instinto, o desejo sexual está subordinado aos períodos de fertilidade, em favor da perpetuação da espécie. No homem o sexo não envolve apenas a procriação. É, também, um exercício de afetividade. A comunhão sexual é um maravilhoso momento de intimidade, uma revigorante permuta de energias, perfeitamente aceitável, mesmo quando não haja a intenção de gerar filhos.

4 – *Essa postura não contraria o pensamento religioso ortodoxo, segundo o qual sexo sem possibilidade de concepção é uma "masturbação a dois"?*

Trata-se de uma postura medieval, inspirada na suposição de que sexo é algo sujo e pecaminoso, somente admissível para a formação da prole. O homem pode conspurcá-lo com suas paixões e vícios, mas, em essência, o sexo é criação divina. Exercitado com disciplina, complemento do amor, enriquece o relacionamento afetivo.

5 – *Considerando a promiscuidade sexual da atualidade, que dizer do preservativo de látex, a popular camisinha?*

Sem dúvida, para quem assim se comporta, a camisa de vênus é uma necessidade, evitando-se as doenças sexualmente transmissíveis, particularmente essa tragédia, verdadeira hecatombe, que é a AIDS.

6 – *Justificam-se, então, as campanhas de esclarecimento sobre o uso da camisinha e sua distribuição à população?*

A medida se impõe, ante o avanço da contaminação pelo vírus HIV. É algo assustador, envolvendo principalmente a classe pobre, que não tem nenhuma noção a respeito do assunto.

7 – *Não seria mais importante o desenvolvimento de programas de esclarecimento à população e o estímulo ao comportamento monogâmico?*

Sem dúvida. Percebe-se que o índice de contaminação é alto nos países subdesenvolvidos, de baixa escolaridade. Há muito a fazer nesse sentido. As religiões podem dar importante contribuição, esclarecendo os fiéis quanto aos prejuízos espirituais resultantes do sexo promíscuo.

8 – *Nas lides religiosas, mesmo no Centro Espírita, o assunto nunca é abordado, situando-se como profano, num ambiente onde, alega-se, devem ser cultivados apenas os valores espirituais.*

Mero preconceito, a inspirar constrangimentos inaceitáveis. Vão longe os tempos em que sexo era tabu. Imperioso destacar que *valores espirituais* são as luzes do Evangelho, que devemos usar para iluminar temas como esse, a fim de que nos orientemos de forma adequada, evitando o comprometimento com o erro.

Harmonização

1– *Por que consigo exercitar paciência e atenção com muitas pessoas, menos com meu marido e meus filhos? Descontrolo-me facilmente.*

Fora do lar há o verniz social. No lar mostramos o troglodita que há em nós, orientado pelo egoísmo, a gerar uma inversão comportamental: ao invés de pensarmos no que devemos oferecer aos familiares, pensamos no que eles nos devem dar. Imaginamos sempre seus deveres em relação a nós; raramente nossos deveres em relação a eles. Por isso nos exasperamos quando não correspondem às nossas expectativas e retornamos à taba, tumultuando o ambiente.

2 – *É possível amar loucamente um homem e ter fases em que o odeio loucamente, com ganas de esganá-lo?*

Transitar do amor para o ódio, da afetividade para a agressividade, é próprio da paixão, um envolvimento inspirado na atração física, que não guarda nenhuma afinidade com o amor. Amar, como já comentamos, é desejar o bem de alguém, jamais resvalando para o entorpecimento da razão, nem alimentando rancores exacerbados.

3 – *Como conviver com a TPM feminina? Minha mulher nesses dias é a maior caça-encrenca. Fico completamente desequilibrado. Tenho vontade de sumir.*

Sumir não é conveniente. Representaria uma fuga aos compromissos conjugais. Afinal, é preciso considerar que a TPM feminina faz parte do pacote matrimonial, tanto quanto a rabugice masculina. Quando o ambiente esquentar, experimente uma caminhada no campo. Estabelece trégua em casa, fortalece o corpo e tranquiliza a alma.

4 – *Como vencer as barreiras que nos separam no lar?*

Comece por calar reclamações. Coração amargurado, dizia sábia madre superiora, é obra-prima do demo. Quanto ao resto – é ouvir mais, falar menos, sorriso nos lábios, disposição de servir no coração.

5 – *E quanto aos familiares, não devem contribuir para um bom ambiente no lar?*

Não pense no que os familiares devem fazer em favor da paz. Faça a sua parte, pacificando-se. O lar sempre melhora quando melhoramos, substituindo críticas por elogios, rudeza por carinho, palavrões por bênçãos, cobranças por doações. Quem consegue acender luzes em seu coração sempre ilumina aqueles que o rodeiam.

6 – *Uma de minhas dificuldades no lar está no hábito de ficar corrigindo os familiares, mesmo sabendo que não sou perfeita. Sei que não está certo, que gera brigas, mas não me contenho. Como mudar?*

Experimente analisar seu comportamento com o mesmo rigor que emprega no analisar o comportamento alheio. Ficará tão envolvida com a quantidade de defeitos a corrigir que não terá tempo para cogitar de defeitos alheios.

7 – Os conflitos no lar podem ter origem em vidas passadas?

É a desculpa de casais espíritas quando vivem às turras. Problemas de relacionamento no lar são decorrentes muito mais da deseducação do presente do que dos desentendimentos do pretérito.

8 – É possível que ao reencarnar escolhamos a família errada e vivamos às turras por isso?

Não existe família errada. Errados estamos nós quando assim imaginamos, esquecidos de que somos todos filhos de Deus, compondo a *grande família* universal. Como na música do consagrado programa de televisão que leva esse nome, em princípio *brigamos sem qualquer razão*, mas com o desdobrar das experiências em comum, e a conscientização, sempre acabamos *pedindo perdão*. Um dia deixaremos de pedir perdão, quando, finalmente, deixarmos de brigar, cultivando entendimento.

Divórcio

1– Como o Espiritismo vê o "até que a morte vos separe" do casamento religioso?

A intenção é boa, sugerindo ao casal a união ideal, em que vivam em harmonia ao longo da existência, fazendo do lar um paraíso. Ocorre que de boas intenções o inferno anda cheio, como diz o velho ditado. Sem o cultivo dos valores cristãos na convivência doméstica, exprimindo-se em compreensão, respeito e tolerância, o paraíso logo *pega fogo,* convertendo-se num inferno de desentendimentos, mágoas e desajustes. Depois sobram apenas cinzas de frustração.

2 – Meu lar vive em desarmonia. Já cogitamos várias vezes do divórcio. Só não o consumamos por causa dos filhos. Será razoável sustentar um casamento por esse motivo?

Diga-se de passagem, um motivo mais do que razoável, capaz de justificar o esforço por se manterem juntos. Seria oportuno, também, lembrar com Jesus que o divórcio acontece por causa da dureza de nossos corações (Marcos, 10:5). *Amolecer o coração* com exercícios de tolerância e compreensão são *remédios* maravilhosos para casamentos em crise.

3 – *Devem os cônjuges permanecer juntos, mesmo quando a convivência se torne insossa e insuportável?*

Já estão separados, embora vivendo sob o mesmo teto. O divórcio apenas oficializará a ruptura dos vínculos matrimoniais. O ideal é providenciar para que isso jamais ocorra. Não é tão difícil. Algumas pitadinhas de Evangelho, do tipo *compreensão, respeito, tolerância, perdão, solidariedade,* dão sabor perene à experiência conjugal. Detalhe importante: sejamos indulgentes com o cônjuge, severos conosco sempre que cogitarmos de cobranças.

4 – *Minha esposa pediu divórcio. Mesmo não querendo, aceitei. O que devo fazer para não sofrer tanto? Ela disse que não gosta mais de mim.*

Casamento desfeito é como operação cirúrgica delicada. Dói, exige tempo de recuperação. E cuidado com o cultivo de sentimentos negativos, como se a vida tivesse perdido a graça. Busque novas áreas de interesse, novas realizações. O tempo dará jeito. O corte cicatrizará bem, se você desistir de sofrer.

5 – *Saí de um casamento desgastado, em que as brigas eram constantes. Devo acreditar que se eu namorar outra pessoa será igual ou pior, pois esse seria o meu carma?*

Partindo do princípio de que quando um não quer dois não brigam, não teria você contribuído para os desentendimentos e conflitos em seu casamento? Se a resposta for afirmativa, certamente você terá problemas numa nova união, a não ser que se disponha a mudar seu comportamento.

6 – *Casais que se divorciam podem voltar a unir-se em outra existência?*

Depende das razões pelas quais se uniram. Se era um problema de resgate e reajuste, em compromisso de harmonização, voltarão a encontrar-se, fatalmente. Melhor, portanto, acertar as contas nesta mesmo, evitando sustentar conflitos que tornam impraticável a convivência conjugal.

7 – *A mulher diz ao ex-marido que nunca mais ele será feliz. Procura trabalhos espirituais para prejudicá-lo. É possível?*

Prejudicada está ela, espiritualmente, comprometida com a ideia de vingança, típica de mentalidades imaturas. Quanto ao mal que pretenda evocar contra o marido, talvez possa causar-lhe algum transtorno, dependendo do comportamento dele, de seu jeito de viver, mas certamente será uma semeadura lamentável de desajuste para ela mesma.

8 – *Depois de muitas brigas decidimos, eu e meu marido, continuar juntos, pensando no bem-estar da prole, mas sem conversar. Comunicamo-nos por intermédio dos filhos. Há algum problema?*

Como vocês ainda não desencarnaram, não há porque ter os filhos como *médiuns*. Mais acertado, imperioso mesmo, exercitar a comunicação verbal, que nos distingue dos seres inferiores. E se pensam em ficar juntos por causa dos filhos, não seria conveniente, pensando no bem-estar deles, cultivar o diálogo para superar suas diferenças, partindo do princípio elementar de que pode ser que o outro tenha razão?

Dificuldades

1 – *O que fazer quando entra uma pessoa numa família harmoniosa e acaba com a paz? Tem algum Espírito ruim que a acompanha?*

Se uma única pessoa consegue realizar tal proeza, talvez a família não esteja, realmente, em paz, aquela paz sustentada pela compreensão, que releva sempre, e pela compaixão, que sempre ajuda. Jesus não condenaria a ovelha tresmalhada. Antes faria de tudo para integrá-la no redil. Talvez seja esse o grande desafio dessa família.

2 – *Adoro o Espiritismo, mas sou casada com um evangélico que me proíbe de ir ao Centro Espírita, dizendo que é obra do demônio. O que fazer?*

Peça-lhe reciprocidade. Que não vá à sua igreja, dizendo-lhe que uma religião que discrimina outras crenças e sugere um comportamento machista só pode ser obra do capeta. E seja tão boa, tão compreensiva, tão caridosa, tão cristã, que seu marido acabe por convencer-se, com base no seu comportamento, que o Espiritismo deve ser algo muito bom.

3 – *Desejo ardentemente ter um filho, mas meu marido não concorda. O que fazer?*

Questões dessa natureza devem ser tratadas antes do casamento, colocando tudo no papel, com *assinatura, testemunhas e firma reconhecida*. Gracejos à parte, consideremos que o que é tratado nunca é caro, como reza o velho ditado. Se isso não foi feito ontem, a solução hoje é insistir no diálogo e orar muito. Se há uma programação de filhos para o seu lar, a oração facilitará a ação dos bons Espíritos nesse sentido.

4 – *Como proceder quando a esposa descobre, depois de trinta anos de convivência, que o marido tornou-se homossexual?*

Sair do armário, como se costuma dizer, assumindo na madureza um comportamento homossexual, sugere desvio de conduta, comportamento vicioso. Se ele quiser poderá superar esse desvio, para o que deverá contar com sua compreensão e ajuda.

5 – *Como explicar que, após trinta anos de casamento, com quatro filhos, o marido venha dizer que está apaixonado, que encontrou a mulher de sua vida?*

Se o indivíduo não atende à sinalização do corpo, depois de meio século de existência, a sugerir que cuide mais do Espírito; se pretende o comportamento adolescente, à procura de sensações, acaba comprometendo-se em paixões tardias, a configurarem supostos *encontros programados,* que lhe inspiram a fuga de suas responsabilidades e compromissos conjugais.

6 – Se nosso casamento foi planejado na Espiritualidade, como ficarei se casar com outra pessoa?

Provavelmente terá problemas mais tarde, quando aparecer o *homem de sua vida*, despertando-lhe forte atração. Por isso, é preciso cuidado com as primeiras florações sentimentais, hoje muito mais inspiradas na paixão do que em legítima afeição, em face da liberdade sexual que leva as pessoas a iniciarem o relacionamento afetivo no motel.

• *7 – É possível que minha alma gêmea não tenha reencarnado e por isso estou sempre "quebrando a cara" em meus relacionamentos?*

Alma gêmea você não vai encontrar, porquanto não somos criados aos pares. Provavelmente encontrará sua *algema*, já que os casamentos, na Terra, com raras exceções, envolvem Espíritos em jornada de resgate e reajuste. Se a esses dois objetivos marido e mulher se dedicarem, com seriedade e discernimento, em almas gêmeas se transformarão, não por nascimento, mas por crescimento.

8 – *Imaginei casar-me com uma alma gêmea. No entanto, vivo às turras com meu marido. Por que isso acontece?*

É o problema da paixão. Empolgados por ela, todos casam com a *alma gêmea.* Quando arrefece o ímpeto passional e termina a lua-de-mel; quando surgem os problemas do dia a dia, envolvendo educação dos filhos, finanças, cuidados do lar, eis que os cônjuges começam a desconfiar que há algo errado, que a alma gêmea está se convertendo em lamentável algema. Geralmente isso acontece porque as pessoas insistem, após o casamento, em conjugar o verbo de suas ações na primeira pessoa do singular – eu. Casamento, para dar certo, implica usar a primeira do plural – nós. Se isso não é feito, o príncipe encantado pode converter-se num sapo. Melhor trabalhar para que o sapo se transforme em príncipe encantado.

Dilemas

1 – Há algum problema se marido e mulher resolvem não ter filhos?

Depende da motivação. Se a ideia é prosperar, cultivando *sombra e água fresca*, sem *esquentar a moringa* com uma prole, motivação egoística, fatalmente isso lhes será cobrado. Se pretendem consagrar-se ao bem da Humanidade, motivação altruísta, estarão justificados, habilitando-se ao exercício de nobres tarefas, sob inspiração dos benfeitores espirituais.

2 – Se o Espírito ao reencarnar assume, perante seus mentores, que vai suportar viver sozinho e depois, reencarnado, muda de ideia e deseja companhia, estará errando? Não pode deixar a solidão para a próxima existência?

Não se pode confundir viver sozinho com solidão, o fechar-se em si mesmo. Por contingência existencial ou planejamento espiritual, podemos ter apenas nossa escova de dentes no banheiro. Nem por isso seremos solitários, desde que sejamos solidários. Quem vive para servir não tem tempo para a solidão. Não obstante, não é *pecado* casar-se quem não consegue vivenciar a experiência do celibato, até porque não sabemos a que viemos na Terra. E, como dizia o apóstolo Paulo (1 Co, 7:9), *é melhor casar do que abrasar.*

3 – Li numa obra espírita que a população de Espíritos desencarnados é de aproximadamente vinte bilhões. Isso me preocupa. Quando desencarnar, como encontrarei minha avó nesse mar de gente?

Pela sintonia do amor. Aqueles que nos amam não estão num *assento etéreo*, como sugere Camões em seu famoso poema. Eles nos acompanham, nos veem, nos ajudam e nos esperam, amparando-nos no retorno à espiritualidade, desde que, em memória deles, cultivarmos uma existência digna, pautada nos valores do Bem e da Verdade. Se assim fizer, certamente sua avó o receberá de braços abertos, com acenos de vitória, nos portais do Além.

4 – *Há uma pessoa em minha família que é muito ruim no seu comportamento. Oro muito por ela. Coloco seu nome em trabalhos de vibrações, mas a impressão que tenho é de que ela fica cada vez pior. O que fazer?*

Continue orando. Peça, sobretudo, a Deus, que lhe ajude a enxergar qualidades nesse familiar, com a mesma facilidade com que lhe identifica os defeitos. As pessoas tendem a se comportar como as vemos. Apontar espinhos é semear um espinheiro. Identificar flores é preparar um jardim.

5 – *Há mais ou menos seis anos conheço uma pessoa com a qual tive um relacionamento. Esse relacionamento acabou, mas ficou em mim algo muito bom. Com o passar do tempo, nos reencontramos. Após um breve namoro, houve nova separação, talvez por insegurança dele. Estou angustiada. O que fazer ou pensar?*

A vacilação dele evidencia que não nutre por você o mesmo sentimento. O relacionamento afetivo tem dessas nuanças. Encerre o assunto, parta para outra, sem fantasiar. Não persiga quimeras, a imaginar que está lidando com o homem de sua vida, o que efetivamente não é, ou você seria a mulher da vida dele.

6 – *Que dizer do amor que nasceu entre mim e minha jovem amiga? Tenho setenta anos e ela tem vinte. Tenho certeza de que há uma ligação entre nós do passado.*

Pode ser. Não obstante, é preciso cuidado ao tentar justificar situações dessa natureza, atribuindo-as a amores do passado. Podem ocorrer por simples paixão, já que esta não costuma respeitar limites de idade.

7 – *Será lícito consumar essa ligação numa experiência em comum?*

Se ambos são livres e desimpedidos, não há por que objetar. Forçoso reconhecer, entretanto, que dificilmente tal ligação resistirá ao desgaste do tempo, à medida que você aproximar-se da chamada senectude. Melhor sublimar agora essa relação, contendo-a nos limites da amizade, a fim de não experimentar provável decepção.

8 – *Mantenho um relacionamento sério com uma pessoa. Embora desimpedidos, não pretendemos nos casar, e não vivemos juntos. Há algum problema?*

Desfrutar dos prazeres de uma relação a dois, sem assumir os compromissos que lhes são inerentes, pode parecer uma boa opção, em princípio, na base da *amizade colorida,* como se costuma dizer. Mas não atende à necessidade básica de acasalamento, que só ocorre em plenitude quando ambos se dispõem a viver sob o mesmo teto, assumindo os compromissos de uma existência a dois, dando legitimidade à relação. Se isso não acontece, o *colorido* logo desbota, gerando inquietação e insegurança.

Evangelho no Lar

1 – *No Centro que frequento orientaram sobre a instituição do Evangelho no Lar. Para que isso, se já compareço às reuniões doutrinárias?*

No Centro Espírita, em reuniões públicas, se não nos deixarmos embalar por Morfeu, dormindo a sono solto, estaremos ouvindo explanações sobre o Evangelho, à luz da Doutrina Espírita. Em casa, a iniciativa de falar será nossa, o que normalmente impedirá que Morfeu nos perturbe. É o ensejo de valiosos diálogos em família, algo que, infelizmente, vai se tornando raro na agitação da vida atual.

2 – *Qual a vantagem?*

Há várias, além do ensejo de diálogo em família que, por si só, justificaria a reunião. Estaremos abrindo as portas de nossa casa à presença de familiares, amigos e mentores desencarnados, favorecendo a ajuda espiritual, o aprendizado do Evangelho e, sobretudo, a oportunidade de trazer Jesus para o cotidiano.

3 – *O que é trazer Jesus para o cotidiano?*

É nos familiarizarmos com os seus ensinamentos, considerando que Jesus não falou *das coisas do Céu.* Isso compete ao Espiritismo. Falou das *coisas da Terra*, com orientação segura de como proceder em qualquer situação, a fim de que cumpramos o que Deus espera de nós e conservemos a paz em nossos corações.

4 – *Você diria que é por falta dessa familiaridade que as pessoas não cumprem os ensinamentos cristãos?*

É uma das razões, das mais ponderáveis. Como colocar em prática um princípio que desconhecemos em detalhes? Raras pessoas seriam capazes de citar três lições contidas em *O Sermão da Montanha.* Raras lembrariam e interpretariam corretamente três parábolas de Jesus. Muitos profitentes cristãos não sabem sequer o que é uma parábola. Cumprir o Evangelho sem familiarizar-se com seus princípios é tão complicado quanto andar de olhos vendados.

5 – *Qual seria a orientação básica para o Evangelho no Lar?*

Definir dia e horário, estabelecendo o seguinte roteiro: prece singela, pedindo a presença e proteção dos bons Espíritos, leitura de *O Evangelho segundo o Espiritismo* ou obra similar, troca de idéias, comentários, prece de encerramento. Pode-se colocar uma jarra de água para ser magnetizada pelos mentores espirituais. Tudo muito simples, com meia hora de duração mais ou menos, dependendo da disposição do grupo para o diálogo.

6 – *Há quem faça o Evangelho no Lar sem dia e horário determinados, alegando dificuldade em reunir os participantes. Ainda assim podem contar com a assistência espiritual?*

Evangelho no Lar em regime *de-vez-em-quandário* fica complicado. Os mentores espirituais, cuja presença é fundamental, não são babás à nossa disposição nas vinte e quatro horas do dia. Eles também têm compromissos. Se pretendemos sua presença é fundamental que cultivemos a disciplina do horário e do dia, cumprindo-a integralmente quanto à assiduidade e à pontualidade.

7 – *O que fazer se ocorrem discussões e atritos na reunião? Há quem deixe de fazer o Evangelho no Lar alegando que dá confusão.*

É simples evitar esse problema. É só não fazer da reunião um tribunal, a enquadrar o familiar em determinada lição. – *Está vendo! Você faz exatamente o que Jesus condena!* A reunião deve ensejar uma reflexão em torno das nossas mazelas, não uma denúncia das mazelas alheias.

8 – *E se a esposa é espírita e o marido é evangélico ou católico, como fica?*

Desde que os participantes não façam proselitismo, pretendendo que sua religião seja melhor, podem, tranquilamente, dialogar em torno da moral evangélica, que é universal, evitando temas em que não haja unanimidade de crença, como a reencarnação, a mediunidade, as penas eternas, o inferno...

JUVENTUDE

Rebeldia

1 – *Vivo em conflito permanente com meus pais, que não concordam com meus hábitos, minha maneira de ser. Pretendem impor disciplinas com as quais não concordo. Se não estavam dispostos a me aceitar como sou, por que me conceberam? Não pedi para nascer!*

Lamentável engano. A rebeldia implícita em sua postura revela que você, muito mais do que pedir, *implorou* para nascer em seu lar. Foi a oportunidade abençoada de sair das regiões umbralinas, no Além-túmulo, por onde terá transitado, entre angústias e aflições. Considere que a *barra* é bem mais leve em seu lar.

2 – *Tudo bem que eu tenha pedido para nascer. Mas eles são muito controladores. Querem se imiscuir em tudo que faço.*

É porque não veem em você a firmeza e a disciplina necessárias para *soltar as rédeas*. E não se esqueça de que eles pagam suas contas. É de justiça, portanto, que leve em consideração o que dizem.

3 – *Mesmo que não concorde? Meus pais parecem viver noutro planeta.*

Um psicólogo chamaria isso de conflito de gerações. Será superado quando lhe pesarem os anos e você reconhecer que as coisas não eram bem como imaginava. Até lá terá *quebrado a cara* muitas vezes. Será bem melhor, menos traumatizante, se admitir que seus pais talvez tenham razão e dispuser-se ao diálogo com eles, sem a pretensão de impor a liberdade de *jogar* como deseja, no *cassino* da Vida, sem *cacife* para isso.

4 – *O problema é que meus pais me sufocam...*

Se não concordar com sua maneira de ser e suas ideias é sufocá-lo, você vai ter problemas a vida toda, porquanto sempre encontrará pessoas que pensam diferente, e terá que se submeter a disciplinas que não guardam compatibilidade com seus interesses e seus desejos.

5 – *Uma das coisas que mais me aborrecem em meus pais é acharem ruim que eu ouça música em meu quarto.*

Certamente reclamam do volume. Assim como você quer a liberdade de curtir um som em seu quarto, seus pais têm o direito de não ouvi-lo no quarto deles. Torturar os próprios tímpanos, exercitando masoquismo, é escolha sua. Impor essa tortura aos familiares é exercício de sadismo. Que tal usar fones de ouvido?

6 – *Também me aborrecem com a mania de ordem em minhas coisas.* – Arrume o quarto! Olha a bagunça! Apague as luzes! Cuidado com o chuveiro elétrico! – *É o dia todo! Por que não me deixam em paz?*

Dizem os mentores espirituais que esse desleixo é uma tendência herdada do trânsito pelo umbral, onde impera a desordem. Uma boa razão para você organizar-se. Imagine se todos em sua casa fossem assim displicentes! Em breve estariam numa sucursal umbralina.

7 – *Não deveriam cobrar-me tanto. Afinal vou indo bem na escola. Tiro notas sofríveis, é verdade, mas nunca levei "bomba".*

Não faz nada além da obrigação, já que esse é o seu único compromisso, não com seus pais, mas com seu futuro. Notas sofríveis não são suficientes para quem quer entrar numa faculdade e preparar-se adequadamente para enfrentar os desafios da Vida.

8 – *A gente acaba cansando das cobranças.*

Quem recebe cobranças é o mau pagador. Se quer viver em paz com a família e consigo mesmo, experimente cumprir seus deveres escolares e familiares, levando a sério suas obrigações.

Vestibulares

1 – É enorme o contingente de adolescentes preparando-se para vestibulares, mas com dificuldade para escolher uma profissão. Por que isso acontece? Como pode o aluno saber o que programou ao reencarnar?

Nem sempre o Espírito é portador de programação detalhada, que envolva a profissão que vai exercitar. Isso deverá ser definido a partir de suas tendências e habilidades, no desdobramento das experiências humanas.

2 – Mas não há o Destino, o conjunto de forças que nos conduzem por determinados caminhos?

O *Destino,* envolvendo uma profissão, pode acontecer na base de intuições de benfeitores espirituais que assessoram seus pupilos. Ocorre que, com o exercício do livre-arbítrio, estes podem decidir diferente. Aliás, o grande desafio do Homem é justamente executar os projetos que elaborou na vida espiritual. As limitações impostas pelo corpo físico favorecem esses desvios. Jesus tem uma referência clássica a esse respeito (Mateus, 26:41*): ... na verdade, o Espírito está sempre pronto, mas a carne é fraca.*

3 – *Um exemplo:*

O Espírito planeja ser médico. Reencarna filho de médicos e desde pequeno é estimulado, pelo próprio ambiente e pelas pressões de seu psiquismo, a estudar Medicina. No entanto, deixa-se dominar pela indolência e perde a oportunidade, optando por outra profissão que lhe exija menos disciplina, menos estudo. Segue caminho diferente.

4 – *Nesse caso, houve um desvio de sua parte, comprometendo a existência?*

Ele comprometeu parte do planejamento, o que não significa uma existência perdida. Pode desenvolver outra atividade profissional, compatível, também, com sua vocação, com suas tendências, transformando-se em excelente profissional. Vai depender sempre do exercício da vontade, atendendo ao livre-arbítrio.

5 – *Pode dar-se o contrário? Não veio para ser médico e acaba seguindo esse caminho, por influência dos pais, que lhe asseguram uma faculdade particular, menos exigente no estudo e na aplicação.*

Ocorre com frequência. Nessa condição situamos todos os profissionais que exercitam uma atividade para a qual não têm legítima vocação, visando apenas o interesse pecuniário. Dificilmente obterão sucesso, terão destaque.

6 – *Geralmente, quando se fala em planejamento espiritual, envolvendo uma profissão, pensa-se logo em Medicina, Direito, Engenharia, Educação... E o trabalhador braçal, o operário, o comerciário?*

O desempenho de uma atividade profissional mais simples pode indicar que não houve planejamento nesse particular, por razões da alçada dos mentores espirituais. Isso não significa que jamais ocorra. Alguém pode planejar ser bancário, funcionário público, operário ou trabalhador braçal, tendo em vista determinados compromissos.

7 – *Você foi bancário, funcionário do Banco do Brasil. Acredita que planejou essa atividade profissional?*

Tenho plena convicção disso. O Banco deu-me a retaguarda financeira e a segurança que me permitiram desenvolver atividades na seara espírita, sem maiores preocupações quanto à subsistência. Foi uma bênção.

8 – *Que conselho você daria ao estudante em dificuldade para definir sua vocação?*

Psicólogos podem ajudá-lo quanto ao seu perfil e o tipo de atividade compatível com suas habilidades, buscando definir o que planejou ao reencarnar. Há, também, cursos vocacionais muito eficientes nesse particular. Sobretudo, eu lembraria a recomendação inicial de Jesus no texto citado: *vigiai e orai para não cairdes em tentação*... Em todas as situações, a vigilância que eu traduziria por *reflexão*, um mergulho na intimidade de nossa alma, associada à oração que nos coloca em contato com a Espiritualidade, representam os melhores recursos para que façamos na Terra o que planejamos no Além.

Adereços

1 – Usar piercings, adereços fixados no corpo, pode afetar o perispírito?

O perispírito, normalmente, é atingido pelo mal que fazemos, a nós mesmos (suicídio, vício, rancor, pessimismo...), ou aos outros (maledicência, agressividade, violência, traição, mentira...). Tais adereços, portanto, não afetam o corpo espiritual, mas, certamente, são atentados ao bom gosto.

2 – Há quem diga que pode ocorrer uma mutilação perispiritual...

Penso mais numa mutilação do bom senso, a afetar a noção do ridículo. Por uma dessas estranhas contradições do comportamento humano, vemos isso acontecer com jovens inteligentes e bem articulados, como se houvessem desligado o *desconfiômetro*.

3 – *Males eventuais no corpo, provocados por esses adereços, podem causar danos espirituais?*

Espirituais, não. Haverá, digamos, danos à autoestima. Lamentará o Espírito a vaidade pretensiosa que, buscando originalidade, o fez regredir à taba.

4 – *Retornando ao plano espiritual, a pessoa poderá usar algo semelhante, atendendo ao seu gosto pessoal?*

Tendemos a moldar fluidicamente, no Além, roupas e objetos de uso pessoal que mereceram nossa preferência na Terra. Isso atende a certo automatismo. Portanto, é possível, mas igualmente lamentável, que o desencarnado continue envolvido com as futilidades da Terra.

5 – *E quanto às tatuagens?*

Esses adereços definitivos costumam ocasionar problemas. Sempre chega o momento em que a pessoa vai se arrepender, após ter mudado de ideia, em relação ao objeto da tatuagem. Digamos que era o desenho de alguém que já não ama, ou a representação de um princípio que já não aceita. Ainda que a tatuagem seja adotada por mero enfeite, acaba *cansando a beleza* e torna-se um problema.

6 – O que leva a pessoa a tatuar-se?

Nas culturas primitivas era usada com finalidades mágicas, para evocar a interferência de divindades, para o bem ou para o mal. Hoje é, para muitos indivíduos, uma espécie de ritual de passagem, envolvendo a integração num grupo. Pode ser também uma mensagem de identificação. Pela tatuagem a pessoa está dizendo algo de si mesma. Há psicólogos que veem na tatuagem um dos caminhos para entender a personalidade humana.

7 – A tatuagem pode aparecer no corpo espiritual, após a desencarnação?

É possível até mesmo fazer tatuagens na espiritualidade, mas hão de lamentar seus familiares e amigos do Além que o desencarnado conserve hábitos tão primários.

8 – Espíritos não usam adereços?

Se esclarecidos e conscientes, buscam, por supremo enfeite, sua própria iluminação. Haverá algo mais belo do que a aura luminosa de um Espírito harmonizado com os ritmos do Universo, consciente de sua filiação divina?

Carnaval

1 – Como poderíamos situar o Carnaval?

Embora suas origens estejam nas antigas festividades do paganismo romano, sempre me pareceu uma *festa de índio*. Os foliões renunciam, momentaneamente, às conquistas da civilização e retornam à taba. É gente pulando inconsequentemente, emitindo sons que, eventualmente, lembram música. Só falta a fogueira no centro do salão.

2 – Mas não são horas preciosas de espairecimento, em que as tensões acumuladas esvaem-se ante a alegria contagiante dos corações?

Diríamos mais apropriadamente alegria do álcool e das drogas, que correm soltos nos salões momísticos. Há um clima de *liberou geral,* como costuma dizer a moçada.

3 – *É tão grave assim?*

Basta ler o noticiário policial desses dias. Sobem os índices de crimes e acidentes, que não podem ser debitados a resgates cármicos. São meros frutos da imprudência gerada pelo entorpecimento dos sentidos e pela razão desdenhada. E há outro problema: os ambientes carnavalescos estão repletos de Espíritos desajustados e viciosos. Frequentemente, processos obsessivos têm ali o seu início.

4 – *E a questão da sintonia? Se participo, sem fazer uso de bebidas ou drogas, conservando o equilíbrio interior, o pensamento elevado, serei afetado?*

Poderia, também, para maior garantia, entrar no salão com o Evangelho na mão... Considere, entretanto, que com semelhante disposição dificilmente encontraria prazer no carnaval, que pede, fundamentalmente, o clima da taba.

5 – *Essa condenação do Carnaval não exprime uma atitude preconceituosa, que nega a liberdade de consciência preconizada pela Doutrina Espírita?*

Liberdade não é sinônimo de inconsequência ou indisciplina. A Doutrina não interfere em nosso livre-arbítrio, mas lembra, com o apóstolo Paulo (1Co, 6:12), que *todas as coisas nos são lícitas, mas nem todas as coisas nos convêm.*

6 – *De que me vale decidir que não vou brincar no Carnaval, se isso vai me causar constrangimento? Se não vou ficar feliz com isso?*

Talvez você esteja dando demasiada importância para esses festejos, que nada acrescentam à nossa experiência de vida. Experimente outros valores.

7 – *Uma mudança de motivação?*

Essa é a palavra chave: motivação, a definir os rumos de nossa vida. Aquele que aprecia o carnaval é livre para desenvolver suas próprias iniciativas. Vibra, aguarda ansiosamente os festejos. Mas, à medida que tome consciência dos objetivos da jornada humana, pensará diferente.

8 – *Buscará um retiro espiritual...*

Seria uma opção. Há outras mais interessantes: o socorro a necessitados; a construção de moradias para desabrigados; o atendimento de enfermos; a instalação de serviços numa favela...

Há imensas possibilidades a serem consideradas para um aproveitamento desses dias de folga que o Carnaval enseja às pessoas interessadas em servir. Essas iniciativas lhes permitirão, de uma forma muito mais eficiente, superar tensões, sem os riscos da inconsequência, e desfrutar de alegria autêntica, sem dramas de consciência nem ressacas na quarta-feira de cinzas.

MEDIUNIDADE

Reuniões mediúnicas

1 – *Quando começa a reunião mediúnica, no Centro Espírita que frequento, um dos participantes logo adormece e só acorda ao encerramento. Chega a roncar. O dirigente diz que não há problema. Nos braços de Morfeu ele fornece ectoplasma para os trabalhos de ajuda a Espíritos sofredores. É assim mesmo?*

O ronco é para exteriorizar mais ectoplasma? Pessoas que dormem com essa facilidade ou estão com o sono atrasado ou sofrem de apnéia, distúrbio respiratório em que o paciente dorme mal e depois cochila em lugares impróprios, como uma reunião mediúnica, gerando perturbação. Seria conveniente procurar um médico.

2 – *Conheci um grupo mediúnico em que cada participante tinha sua cadeira. Certa feita, porque alguns companheiros faltaram, uma senhora resolveu mudar de lugar. O dirigente a advertiu severamente, alertando que atrás da cada cadeira há um mentor da pessoa que ali se senta, recebendo sua assistência. É assim mesmo que funciona?*

Pelo visto haveria cadeiras cativas na reunião. Só o *titular* poderia usar, sob pena de não ter um mentor a seu lado. Orientações dessa natureza revelam pouco conhecimento sobre sessões mediúnicas. Espíritos que estejam dando assistência aos seus pupilos certamente saberão encontrá-los onde se acomodem.

3 – *Ouvi que, em reuniões mediúnicas, manter as pernas cruzadas atrai Espíritos perturbadores. É verdade?*

E pernas descruzadas, atraem Espíritos bons? Postura física não tem nada a ver com a natureza dos Espíritos que se aproximam, embora, obviamente, numa reunião mediúnica, até por uma questão de respeito ao ambiente, devamos manter uma postura civilizada, de permeio com uma atitude de contrição.

4 – *No Centro que frequento há dezoito médiuns que trabalham numa reunião mediúnica. O dirigente exige que todos recebam seus guias. Estes marcam sua presença e dizem que ficarão ao lado do "aparelho". São indispensáveis essas manifestações?*

Guias que dão um alô e ficam ao lado do *aparelho* cheiram a fantasia, por animismo ou mistificação. Por animismo, quando a insistência do dirigente quanto à manifestação do *guia* leva o médium a atender, inconscientemente, ao seu estímulo. Mistificação *bem intencionada*, diga-se de passagem, quando o médium o faz conscientemente, pela mesma razão.

5 – *Sou míope, lentes grossas. Disseram-me que para manifestar-se por meu intermédio, em exercício de psicografia, o Espírito precisaria também de lentes grossas. É assim mesmo?*

Está precisando de lentes de bom senso a pessoa de curta visão doutrinária que lhe passou esse disparate. O processo mediúnico envolve transmissão de pensamento, não a leitura de textos pelo comunicante.

6 – *Como se dá a comunicação quando o Espírito é homem e o médium é mulher?*

Da mesma forma como conversam um homem e uma mulher, no cotidiano, sem que a diferença de sexo impeça a comunicação. E quanto maior a afinidade entre eles, melhor o entendimento. É exatamente o que acontece no intercâmbio. Quanto maior a afinidade entre o médium e o comunicante, mais autêntica a comunicação, independente do sexo.

7 – *É possível um médium exercitar vidências, comentá-las, dirigir a reunião e ainda dar passividade a seis entidades?*

Seria um super médium, de capacidade incomum. Só faltaria doutrinar as entidades que recebe, como se conversasse consigo mesmo. Há aqui vários problemas. Um deles seria o médium dirigir a reunião. Até é possível, numa emergência, na ausência do titular e de alguém que possa substituí-lo, mas sem dar passividade. Por outro lado, é problemático receber seis entidades. O processo mediúnico não é uma tomada que liga e desliga. Envolve preparo, harmonização vibratória entre manifestante e médium. Manifestações tão numerosas sugerem animismo, a exprimir as fantasias inconscientes do médium.

8 – Um amigo evangélico diz que, segundo a Bíblia, para distinguir quando um Espírito comunicante é voltado para Deus, deve-se fazer a seguinte pergunta: "Você confessa que Deus veio à Terra em carne?" Se ele disser que sim, é do lado de Deus. Caso contrário é um representante do demo. É assim mesmo?

A ignorância continua fazendo vítimas. Nossa segurança, no trato com os Espíritos, está em passar pelo crivo da razão o que dizem, como recomenda Allan Kardec. Basear-se em simples afirmação, emprestando-lhe caráter cabalístico, é uma forma ingênua de identificar a natureza dos Espíritos que se manifestam, favorecendo mistificações. Espíritos perturbadores não terão nenhuma dificuldade em responder afirmativamente a testes desse teor, iludindo os incautos.

Desenvolvimento mediúnico

1 – Meu braço adormece quando estou dormindo. Disseram-me que sou médium e que devo desenvolver a mediunidade de psicografia. É isso mesmo?

Sensação de adormecimento nas mãos pode indicar sensibilidade mediúnica. No entanto, se ocorre somente durante o sono, é mais provável que você esteja dormindo sobre o braço, dificultando a circulação sanguínea.

2 – Seria conveniente participar de várias reuniões mediúnicas para desenvolver melhor a mediunidade?

Participando de várias reuniões mediúnicas você vai desenvolver a capacidade de... participar de reuniões mediúnicas. Desenvolver a mediunidade é aprimorar a capacidade de transmitir a manifestação, o que envolve estudo, pela melhoria da condição intelectual, e empenho de renovação, pela melhoria da condição moral.

3 – *Alertaram-me que meus problemas físicos e espirituais são decorrentes de mediunidade e que preciso trabalhar como médium para resolvê-los. É assim mesmo?*

Problemas físicos e emocionais são decorrentes do temperamento das pessoas, não necessariamente de uma mediunidade. A prática mediúnica não nos libera desses desajustes. Pode até acentuá-los, por nos tornar mais sensíveis a influências espirituais. Experimente cuidar bem do corpo, com regime alimentar, sono regular, exercícios físicos e respiratórios, e do Espírito, com a disciplina das emoções, o estudo, o cultivo do Bem.

4 – *O fato de minha vida financeira ter-se complicado tem algo a ver com a interrupção de minha participação em reuniões mediúnicas? Disseram-me que estou sendo castigado pelo mentor...*

Os mentores espirituais não são feitores intransigentes. Jamais adotam medidas punitivas. Complicações financeiras, quando não decorrentes de problemas cármicos, surgem a partir da má administração de nosso tempo e dos recursos de que dispomos. O contrário costuma acontecer. O médium empolga-se por interesses imediatistas, prospera e acaba afastando-se de seus compromissos espirituais.

5 – *Estou apavorado! Um médium disse-me que se eu não desenvolver minha mediunidade, minha filha vai sofrer uma obsessão.*

O sofrimento é do médium que fez essa afirmação. Sofre de ignorância, mal comum no meio espírita, felizmente curável com a terapia do estudo. Transferir para os filhos a responsabilidade por nossa omissão nos compromissos mediúnicos é como aceitar que carregamos a marca de suposto pecado original, cometido por um suposto casal, Adão e Eva, num suposto paraíso.

6 – *Sei que sou médium e que devo desenvolver minha mediunidade. No entanto, não me sinto disposto. Prefiro trabalhar no serviço assistencial do Centro. Há algum problema?*

O problema é o investimento. Ninguém é médium por acaso. A faculdade mediúnica envolve longo preparo do Espírito antes de reencarnar e muitos cuidados na formação do corpo, a fim de que este não ofereça entraves ao fenômeno mediúnico. Se não exercitada, será um investimento perdido, algo que o médium lamentará depois. O trabalho assistencial não deve, por isso, aparecer como substitutivo para o trabalho mediúnico. Seria, isto sim, um complemento, favorecendo o apoio da espiritualidade.

7 – *É possível ocorrer o desencarne do médium em desenvolvimento, ao receber um Espírito em grande estado de perturbação?*

Teoricamente é possível, caso o médium esteja muito fragilizado fisicamente. Mas a estatística de acontecimentos dessa natureza é zero, porquanto o processo mediúnico é orientado por mentores espirituais que não submetem o médium a manifestações que possam comprometer sua estabilidade orgânica.

8 – *Quando estou sozinho em casa, sinto uma pressão sobre minhas costas e fico com muito medo. Disseram-me que preciso desenvolver minha mediunidade para superar esse problema.*

Para cogitar da presença de um Espírito, em relação ao fenômeno, seria de se esperar que ocorresse a qualquer hora, na presença de outras pessoas. Impressões dessa natureza podem ser debitadas à excitação nervosa. Certamente não é a pressão nas costas que provoca o medo, mas o medo, exacerbado pela imaginação, que suscita a sensação de pressão nas costas. Antes, pois, de cogitar de desenvolvimento mediúnico, seria oportuno desenvolver a coragem de ficar sozinho em casa, à noite.

Manifestações de crianças

1 – Como encarar a manifestação de uma criança apavorada, que se diz num lugar escuro, onde apanha muito?

Há três possibilidades: trata-se de uma mistificação do Espírito, com a intenção de envolver o grupo; uma fantasia anímica do médium, que guarda afinidade com crianças, ou um desajuste do comunicante, que regrediu a um comportamento infantil, como acontece, não raro, com doentes mentais.

2 – E quando se trata de Espírito imaturo, desencarnado na infância, não seria interessante o esclarecimento que poderia receber?

Seria totalmente ocioso. Geralmente o adulto recém-desencarnado, sem nenhuma noção sobre a vida espiritual, enfrenta dificuldades de adaptação em virtude de seus comprometimentos com os vícios, as paixões, as ambições do mundo. A criança não tem esse problema.

3 – *Por quê?*

Ao reencarnar o Espírito adormece e somente começará a acordar para a vida física a partir dos sete anos, quando se completa a reencarnação. Até então não detém o comando de sua existência, nem a possibilidade de envolvimento com as seduções da vida física. Embora possa trazer tendências inferiores, cultivadas em existências pretéritas, elas ainda não se manifestaram e nem o comprometeram, razão pela qual a criança é considerada o símbolo da inocência.

4 – *E o que acontece com as crianças recém-desencarnadas?*

São imediatamente recolhidas por familiares ou mentores, que lhes darão ampla assistência. Se Espíritos evoluídos, retomam a personalidade anterior. Se de mediana evolução, conservam a condição infantil, que será superada com o tempo, como ocorre com as crianças na Terra. Podem, também, retornar à reencarnação.

5 – *Isso significa que crianças nunca se manifestam em reuniões mediúnicas?*

Pode acontecer, mas em caráter de exceção. Um Espírito evoluído que desencarnou em tenra infância, atendendo à sua programação evolutiva, já reintegrado na vida espiritual, poderá manifestar-se como criança, com o propósito de consolar seus pais.

6 – *Como deve o doutrinador agir quando lidando com suposta manifestação de criança?*

Conversar normalmente, mas com a sutileza de quem sabe que está lidando com uma das três situações a que nos referimos, dispondo-se a abordar o assunto com o grupo, após a reunião, para os esclarecimentos necessários.

7 – *Há grupos espíritas que se dizem especializados em doutrinar crianças desencarnadas. Como situá-los?*

Provavelmente estão sendo envolvidos por Espíritos mistificadores, que exploram a ingenuidade dos participantes. As pessoas emocionam-se quando um Espírito situa-se como uma criança que estava sendo judiada num antro escuro da espiritualidade, sem considerar o absurdo de semelhante idéia. E onde estavam os mentores e familiares desencarnados, a permitir que isso acontecesse com um inocente?

8 – *Além dos argumentos apresentados, que mais se poderia dizer para os que têm dificuldade em aceitar que crianças desencarnadas não precisam de reuniões mediúnicas para receber ajuda?*

É significativo considerar que não há uma única manifestação de criança nas obras de Allan Kardec, principalmente em *O Livro dos Médiuns,* o grande manual de intercâmbio com o Além, nem nos livros de André Luiz, psicografia de Francisco Cândido Xavier, onde temos a mais clara e objetiva visão do relacionamento entre o plano físico e o espiritual.

Males encomendados

1 – Na questão 551, de O Livro dos Espíritos, *Kardec pergunta*: "Pode um homem mau, com o auxílio de um mau Espírito que lhe seja dedicado, fazer mal ao seu próximo?" *A resposta é surpreendente:* "Não; Deus não o permitiria." *Não contraria os incontáveis casos de pessoas perseguidas por Espíritos que atendem à evocação maldosa de gente que pretende prejudicá-las?*

Há muita fantasia em torno do assunto, com médiuns capazes de *contratar* tais Espíritos, supostamente dotados de poderes para prejudicar as vítimas. Se isso fosse tão simples estaríamos todos *fritos*, conforme a expressão popular, à mercê dessas influências.

2 – *No entanto, é comum depararmos com pessoas assustadas, por terem sido informadas de que estão "amarradas" por artes desses "contratos".*

É a maneira desonesta usada por gente especializada em impressionar os incautos. Há muita ingenuidade da parte dos consulentes e muita malandragem da parte dos supostos médiuns, amedrontando-os para mais facilmente tirar-lhes dinheiro.

3 – *Não obstante, toda obsessão envolve influências espirituais. Sejam evocadas por médiuns ou tenham a iniciativa de Espíritos malfazejos, não produzem males na vítima?*

Um Espírito pode nos ocasionar embaraços, envolvendo as pessoas que nos rodeiam ou pressionando nosso psiquismo, mas só nos molestará de verdade, na intimidade de nossa consciência, se reagirmos de forma desajustada. Seremos afetados não pelo mal que nos endereçou, mas pelo mal que asilarmos em reação à sua influência. Se sustentarmos a calma e o equilíbrio, sem *passar recibo*, isto é sem reagir negativamente, mantendo a sintonia do Bem e da Verdade, não seremos atingidos.

4 – *Digamos que o Espírito obsidie uma mulher, induzindo-a ao adultério. Não estará fazendo mal ao seu marido?*

O mal está com quem o pratica, no caso a esposa que cedeu à influência do Espírito, por guardar tendências compatíveis com o adultério. Vai responder por isso. Se o marido, revelando comportamento machista, agredi-la ou submetê-la à execração pública, então, sim, estará se envolvendo com o mal.

5 – *De qualquer forma, haverá sofrimento para ele. Isso não é um mal?*

O verdadeiro mal que nos atinge não está no sofrimento decorrente de algum prejuízo moral ou material que nos causem. Ele esconde-se nos sentimentos negativos, no ódio, no rancor, no desejo de vingança... Se não lhes dermos guarida no coração, prejuízos morais e materiais decorrentes do comportamento alheio só nos farão crescer.

6 – *Então o mal acaba sendo algo bom, em última instância?*

Podemos considerar assim, mesmo em relação ao mal que exercitamos, porquanto seremos penalizados por nossa própria consciência que, mais cedo ou mais tarde, nos imporá sofrimentos depuradores.

7 – Por isso Jesus recomendava o perdão?

Não apenas sete vezes, mas setenta vezes sete, perdão incondicional, que tira o sofrimento maior, quando nos causam prejuízos, ajudando-nos a manter a própria integridade, sem nos deixarmos arrastar ao revide. Este sim, o verdadeiro prejuízo, produzido pelo mal em que nos comprometemos quando não relevamos.

8 – Em resumo...

Nenhum Espírito nos induzirá ao mal, se cultivarmos o Bem. Mesmo diante de prejuízos que nos cause, conservaremos a própria integridade, evitando os comprometimentos do desequilíbrio. Consideremos a sintonia psíquica, quando assediados por Espíritos que venham por encomenda ou por iniciativa própria: não seremos afetados, desde que mantenhamos uma conduta reta, firme, baseada em princípios de fraternidade e respeito pelo próximo.

Espíritos

1 – Revela a Doutrina Espírita que Deus criou os Espíritos simples e ignorantes. Onisciente, sabia que iriam errar muito e que muito sofreriam até atingirem a perfeição. Onipotente, por que não os criou perfeitos, isentando-os desse doloroso aprendizado?

O que você prefere: um filho ou um robô? Deus não gera filhos robotizados. Dota-os de personalidade própria, poder criador, livre-arbítrio, à Sua imagem e semelhança. E nos fez simples e ignorantes para que, no desdobramento de nossas experiências, nos tornemos filhos perfeitos, em sintonia com a Criação.

2 – *Contestadores do Espiritismo questionam: sendo a evolução uma lei divina, segundo afirma a Doutrina, por que há Espíritos que reencarnam como animais?*

Se isso fosse possível, certamente estariam os próprios enquadrados, porquanto esse questionamento revela a astúcia da raposa ou a estultice dos jegues. A metempsicose, o reencarnar da alma em corpo de animais, é uma fantasia de culturas primitivas.

3 – *É natural o espírita ter medo dos Espíritos?*

Esse medo é algo atávico no comportamento humano. Desde culturas mais antigas estamos acostumados a ver nos Espíritos seres sobrenaturais e ameaçadores. Mesmo em se tratando de familiares desencarnados, persiste o medo. Dizia um confrade: – *Gosto muito de meu pai, mas não quero vê-lo! Virou assombração!* Ajudará a vencer esse medo a consciência de que os Espíritos não podem nos agredir, nem violentar. Apenas exercem influência, perturbando-nos, principalmente quanto aos nossos temores.

4 – *Se a função dos anjos da guarda é proteger os homens, por que tantas coisas ruins acontecem com seus tutelados? Não estariam falhando?*

Os mentores espirituais, situados como anjos da guarda, não são guarda-costas. Sua função é nos inspirar ao Bem, pelos condutos da intuição. Coisas más nos acontecem, geralmente, por não atendermos às suas orientações.

5 – *Quando um Espírito desencarna, conserva a mesma aparência? Se uma mulher morre aos noventa anos, situa-se como uma velha? E se seu marido morrer aos trinta, como ficarão no mundo espiritual?*

Como no Além não há uniões por interesse, certamente ninguém vai imaginar que o marido deu o golpe do baú. Não obstante, como o perispírito não necessita de cirurgia plástica para modificar sua aparência, ambos poderão criar condições para que se situem em morfologia compatível.

6 – *É possível identificar o Espírito desencarnado pelo cheiro?*

Médium não é perdigueiro. Melhor aprender a identificar o Espírito por suas vibrações e a natureza dos pensamentos que sugere.

7 – *Existe cachorro médium? Minha cachorra, de vez em quando, late, insistente, sem ninguém por perto. Estará vendo um Espírito?*

Médium que faz cachorrada pode acontecer. Complicado será o cachorro exercitar mediunidade. Em *O Livro dos Médiuns,* o Espírito Erasto explica que os animais não possuem mediunidade, mas podem ter visões dos Espíritos com o concurso de médiuns que forneçam os recursos necessários a fim de que ocorra a *vidência.*

8 – *Na estrada, estávamos com o rádio ligado, quando tanto eu quanto minha acompanhante ouvimos um assobio dentro do carro. Seria algum Espírito?*

Não estão impedidos os Espíritos de assobiar, mas é pouco provável que um acompanhante espiritual seja ouvido pelos encarnados, a não ser que um dos dois seja médium de efeitos físicos. Em tal situação, certamente ouviriam mais do que fugaz assobio. Mais provável tenha sido um efeito sonoro produzido pela emissora de rádio em que estavam sintonizados.

Influências espirituais

1 – Brigamos muito em casa. Será alguma influência espiritual?

Sim, provavelmente de seus próprios Espíritos, quando não controlam as emoções. Assédio espiritual inferior é sempre consequência, nunca causa dos desajustes familiares. Primeiro nos perturbamos; depois somos perturbados por Espíritos. Abrimos a porta para eles e reclamamos que nos assaltam.

2 – Meu marido anda muito nervoso. Disseram-me que é influência de algum Espírito e que devo levar uma roupa dele para ser benzida no Centro Espírita. Dá certo?

Roupas são precários veículos de magnetização. O ideal, nesse particular, é a água. Quando magnetizada é um autêntico *passe engarrafado*. Roupas para levar ao Centro Espírita são aquelas guardadas no fundo do guarda-roupa, que não usamos há anos. Com elas vestiremos *os nus*, os nossos irmãos carentes. Se possível, leve também o marido, para que assimile noções de vivência cristã que o ajudem a controlar suas emoções.

3 – *Uma senhora sentia-se inquieta e perturbada. Num Centro Espírita disseram-lhe que era o Espírito de seu pai a exigir a devolução de alguns pertences que ficaram com ela. É possível?*

Comportamento desse tipo é comum em Espíritos que não se prepararam para a grande transição. Não obstante, como será difícil encontrar uma empresa que transporte seus pertences para o Além, melhor orar pelo pai, rogando o concurso dos bons Espíritos. Que o ajudem a despertar para as realidades além-túmulo, desapegando-se das ilusões da Terra.

4 – *Quando um copo cai e se espatifa, é obra de Espírito?*

Sim, espírito de descuido, de falta de atenção da própria vítima. Partindo dos Espíritos desencarnados, semelhante intervenção só seria possível com a proximidade de um médium de efeitos físicos, o que é raro. Exatamente o que dizem os mentores espirituais a Kardec, na questão 531, de *O Livro dos Espíritos: Esteja certo de que, se a tua louça se quebra, é mais por descuido teu do que por culpa dos Espíritos.*

5 – *Fui informado de que as desonestidades que, infelizmente, tenho cometido ao longo de minha existência, decorrem da influência de um Espírito mau que me atormenta. É possível?*

Sem dúvida! Certamente suas iniciativas desonestas são induzidas por um Espírito – o seu! O diabo, representação dos Espíritos maus, *nos atenta*, como dizem os beatos que sustentam a fantasia e assassinam o vernáculo, mas sempre de conformidade com nossas tendências. Ninguém será tentado ao roubo se a honestidade marcar seu caráter.

6 – *Como saber se estamos sendo influenciados por Espíritos que querem nos perturbar?*

Normalmente, os Espíritos não nos perturbam; apenas exploram nossas perturbações. Experimente ocupar-se com a prática do Bem, as boas leituras, o pensamento otimista, que nos iluminam, sinalizando aos Espíritos perturbadores que não há acesso para eles em nossa casa mental.

7 – *É comum eu me sentir mal perto de certas pessoas. São dotadas de má influência?*

Sentir-se bem ou mal no contato humano revela muito mais uma postura íntima do que uma sensibilidade *epidérmica.* Na tradição evangélica há a conhecida passagem de Jesus elogiando os dentes de um cão morto, enquanto os discípulos reclamavam do mau cheiro. Se nos detivermos nos aspectos positivos das pessoas, dificilmente nos sentiremos mal diante delas.

8 – *Quando meu marido se irrita fica endiabrado, como se fosse outra pessoa. Seria a manifestação de obsessores?*

Sim, terríveis! Suas próprias tendências inferiores! Se não cultivamos disciplina das emoções diante das contrariedades e dissabores da existência, emerge o bruto que ainda vive em nós, resquício dos estágios inferiores por onde transitamos. À semelhança de Francisco de Assis, amanse a *fera* exemplificando os valores do Evangelho.

Superstições

1 – Como proceder se fazem despacho de galinha preta em nossa casa?

Fazendo abstração das intenções do *despachante,* já que não sabemos se foi para conturbar sua casa que ele tomou a iniciativa, importante considerar que nenhum sortilégio ameaçará a estabilidade do lar edificado em bases cristãs. De qualquer forma, a eficiência da *encomenda* vai depender também do grau de sugestionabilidade dos moradores da casa. Se não ligarem, não haverá *liga* para influências nocivas. A base delas está em nossa mente. Se nos deixamos dominar pelo medo, ficamos doentes de pavor.

2 – Tenho o hábito de deixar uma vela de sete dias

acesa em casa. Informaram-me que não é bom, pois pode atrair maus Espíritos. Isso realmente acontece?

Seria ótimo que a presença ou ausência de maus Espíritos estivesse subordinada ao fato de acender ou não uma vela. Influências espirituais acompanham o modo de viver dos moradores. Nunca será demais reiterar que brigas, discussões, desentendimentos, vícios, são portas abertas às incursões das sombras. Comportamento espiritualizado, convivência fraterna, exercício do Bem, são *trancas* espirituais poderosas, que nenhum *assaltante do Além* conseguirá abrir.

3 – *Aconselharam-me a fazer uma defumação em casa para afastar os maus espíritos. Funciona?*

Para eliminar pernilongos funciona bem. Para afastar Espíritos impuros é preciso arejar a casa, *espiritualmente,* dispondo-se seus moradores ao cultivo dos valores do Bem e da Verdade, à luz do Evangelho.

4 – *Disseram-me que quando comparecemos ao Centro Espírita corremos o risco de ser acompanhados por um obsessor na saída. É verdade?*

Certamente acompanhado de obsessor está o autor dessa ideia esdrúxula. Tenho visto muitas pessoas livrarem-se de obsessões no Centro Espírita. Não conheço ninguém que tenha *contraído* uma obsessão. Pode, em princípio, ocorrer um agravamento dos males do obsidiado que inicia um tratamento espiritual, algo como uma reação inicial a uma medicação. Espiritualmente falando, a iniciativa seria do próprio obsessor, aumentando sua pressão para que a vítima se afaste dos recursos que a libertarão, imaginando-os inócuos.

5 – *Se entro pela frente, numa casa, e saio pelos fundos, levo a sorte da casa?*

E se entrar pelos fundos e sair pela frente, a deixará? A sorte, consubstanciando prosperidade, bem-estar, paz, felicidade, não é um móvel passível de ser subtraído ou transportado. Trata-se de um estado de espírito que felicitará os moradores da casa, desde que o mereçam, independente de como entram e como saem os que por ela transitam.

6 – É verdade que os cães funcionam como pára-raios das vibrações negativas de Espíritos maus, protegendo seus donos, e que é por isso que ficam doentes?

É uma idéia interessante. A levá-la em consideração, o dono de um canil seria muito saudável. Não se anime. Os cães podem protegê-lo das más intenções de malfeitores da Terra. Para proteger-se dos malfeitores do Além, é indispensável jejum e oração, como ensinava Jesus. Jejum representado pela ausência de maus pensamentos, voltados para a Terra; oração representada por pensamentos bons, voltados para o Céu. E não se esqueça das mãos servindo, antenas indispensáveis para a sintonia com a Espiritualidade Superior.

7 – Recomendaram-me deixar uma vela acesa na mão de meu pai agonizante para iluminar seus caminhos no mundo espiritual. Isso funciona?

Velas iluminam os ambientes da Terra. Para iluminar o Além é preciso acender a Alma, realização intransferível que não podemos deixar para os derradeiros instantes da jornada humana. Imperioso fazê-lo durante a existência inteira, com o exercício do Bem e da Verdade.

8 – Uma mulher leu minha mão e falou coisas acertadas. Confirmou que minha vizinha insinua-se para meu marido, algo que eu não lhe disse. Ela é médium?

Provavelmente é uma fofoqueira dotada de sensibilidade. Conseguiu captar sua desconfiança em relação ao marido. Ainda que estivesse em transe mediúnico, tal informação só poderia vir de um Espírito interessado em semear confusão. Mentores espirituais não fazem fofocas.

MORTE

Finados

1 – Datas comemorativas como Finados, de homenagem aos que partiram, evocam a problemática da morte. Não seria melhor exaltar a vida?

Considerando que todos vamos morrer um dia e que a morte é como um ladrão, não sabemos quando virá, oportuno que cogitemos do assunto e nos preparemos, a fim de não sermos colhidos de surpresa.

2 – Por que ela sempre inspira temor?

Um amigo costuma brincar, dizendo que as pessoas têm a consciência pesada. Há um fundo de verdade em sua irreverência. Consciente ou inconscientemente, sentimos que responderemos por nossos comprometimentos em deslizes que *enfeitam,* ou mais exatamente enfeiam a alma humana. Mas o problema é também de ignorância. Tendemos a temer o desconhecido.

3 – *Há Espíritas virtuosos, comportamento ilibado, conhecedores da Doutrina que, não obstante, guardam insuperáveis temores...*

Não lhes terá sido fácil nem agradável a experiência do morrer, em pretéritas encarnações. Trazem o trauma da morte, algo semelhante à pessoa que tem medo de ser enterrada viva, porque em existência anterior acordou de um transe letárgico na sepultura ou ficou presa ao cadáver durante algum tempo.

4 – *Como superar esse problema?*

Familiarizando-nos com o assunto e admitindo a ideia de que todos retornaremos ao Além, mais cedo ou mais tarde, inexoravelmente. Monges trapistas, na Idade Média, enfatizavam esse aspecto. Quebravam o voto de silêncio apenas para se cumprimentarem. Quando se cruzavam nos corredores do claustro, proclamavam: *memento mori,* lembra-te de que vais morrer.

5 – *Não há um certo exagero nesse comportamento?*

Sem dúvida, principalmente em relação ao voto de silêncio e ao claustro. O homem é um ser eminentemente gregário. Seu próprio desenvolvimento cultural, intelectual, moral e espiritual depende da convivência social, da comunicação, da palavra. Mas todos deveríamos ter sempre presente o *memento mori*, a certeza de que estamos em trânsito pela terra.

6 – Viver em função da morte não complica a vida?

A ideia é viver em função da vida, preservando o corpo e aprimorando a alma, a fim de não complicarmos a morte.

7 – Há quem retorne antes do tempo?

Mais razoável perguntar se há quem retorne na hora certa. Passamos a vida a brigar com o nosso corpo. Submetemo-lo a pressões terríveis, de dentro para fora, com sentimentos negativos, como o rancor, o ressentimento, a mágoa, o ódio, o pessimismo, a revolta, o desânimo, a inconformação... E de fora para dentro, com os vícios, a intemperança, a glutonaria, o sedentarismo... Resultado: retornamos antes da hora, expulsos do corpo, como o morador obrigado a deixar uma casa mal cuidada, que desmorona.

8 – Como evitar isso?

Cultivando aquela *vida abundante* a que se refere Jesus, que vibra em nossas veias quando nosso cérebro povoa-se de nobres ideais e o nosso coração pulsa ao ritmo incessante de serviço em favor do próximo. Quando as pessoas souberem como o magnetismo do Bem renova as células, cura as enfermidades, sustenta a saúde e alegra a existência, estarão dispostas a pagar qualquer preço pela bênção de servir. E, também, a certeza de que *cautela e caldo de galinha não fazem mal a ninguém,* como reza o ditado popular, lembrando-nos a necessidade de cultivar a temperança, envolvendo a alma e o corpo.

Morte em família

1 – O pai permanece em estado vegetativo há vários anos. A família sofre com essa situação, principalmente a mãe. Então, quem estaria pagando por isso: o enfermo ou a família?

Todos estão envolvidos em resgate. O pai numa prisão, o corpo. Os familiares, *carcereiros* no bom sentido, encarregados de dar-lhe assistência. Importante que o façam de boa vontade, com dedicação, sem questionamentos. Assim estarão liberando-se dos comprometimentos do passado e construindo o futuro de bênçãos.

2 – Pouco tempo após a morte do marido, a viúva arranjou um namorado. Familiares do falecido revoltaram-se, considerando esse comportamento uma falta de respeito. Como agir diante de uma situação dessa natureza?

Aurélian Scholl (1833-1902), famoso escritor francês, dizia: *os matrimônios têm sua lua-de-*

mel; a viuvez também. A duração de uma lua-de-mel depende da extensão da paixão. A viuvez, como estado de espírito, só é duradoura quando o relacionamento com o cônjuge transcendeu da paixão para o amor, sustentado por legítima afinidade. Se isso não ocorre, é inútil impor prazo para alguém *tirar o luto*.

3 – O que podem fazer os filhos diante do pai que, com setenta anos, após enviuvar, parece ter assumido uma segunda adolescência, interessado apenas em festas e bailes, bebidas e namoricos?

Quando o Espírito não aproveita as oportunidades de edificação da jornada humana, marcando passo no caminho da evolução, a adolescência e a velhice se confundem, em exercício de inconsequência. O adolescente deve ser disciplinado pelos pais. Quanto ao ancião é esperar que a Vida o faça, senão aqui, no Além, botando juízo em sua cabeça.

4 – Quando um homem desencarna e a viúva casa-se novamente, o morto fica infeliz? Ele vê o que acontece?

Depende. Se for alguém compreensivo e amigo, preocupado com o bem-estar da família, certamente há de desejar que a esposa refaça sua vida afetiva com um companheiro que a ajude a enfrentar os desafios da existência. Se for do tipo egoísta e possessivo, vai aborrecer-se e até tentar interferir, causando-lhe embaraços.

5 – *Enquanto encarnado ele dizia que voltaria, após a morte, para atormentar a esposa. É possível?*

Pouco provável que aconteça. Se essa era sua intenção legítima, certamente está fazendo um estágio depurador no umbral, o purgatório para onde são remetidos aqueles que cultivam más intenções.

6 – *Sou casada em segundas núpcias. Como ficaremos os três no mundo espiritual?*

Prevalecerá a união com o cônjuge em relação ao qual teve maior afinidade, desde que ambos não se enrosquem em regiões umbralinas e se habilitem a viver em comunidades saudáveis no Plano Espiritual, tipo Nosso Lar, a cidade no Além descrita por André Luiz no livro homônimo, psicografia de Francisco Cândido Xavier.

7 – *Sempre estarei com meus pais, irmãos, sobrinhos, cunhados, tios? Reencarnaremos juntos?*

Acima da família humana, transitória, há a família espiritual. A primeira atende às convenções humanas e ao sangue; a segunda atende à afinidade. Membros da família humana que guardem afinidade entre si tenderão a perpetuar seu relacionamento, ajudando-se mutuamente nos caminhos da evolução, em sucessivas reencarnações, ainda que ocorra mudança de posição quanto ao sangue. O pai de hoje poderá ser o irmão ou filho de amanhã... As alternativas são numerosas, sempre atendendo às necessidades de cada grupo.

8 – *Mudei de cidade após a morte de meu marido. Será que ele conseguirá encontrar-me?*

Depende de como foi o relacionamento de ambos no lar. Se tumultuado por desentendimentos e brigas, talvez ele prefira manter distância. Se houve amor e legítimo entendimento, não se preocupe. Ele a encontrará, guiado pela infalível bússola do coração.

Velórios

1 – O que dizer dos velórios, na atualidade?

Algo lamentável. Partimos de um extremo a outro. Do excessivo respeito ao total desrespeito. Recordo meus tempos de menino: era inconcebível um homem comparecer a velório sem paletó e gravata. Traje em tons escuros. Expressão séria; sorriso, nem pensar! As mulheres da família deviam ostentar luto fechado, negras vestimentas; a viúva a chorar, em desespero, faniquitos no roteiro das lamentações. E ai dela se não o fizesse! Duvidariam de sua fidelidade. Não se descabelou...

2 – O importante era fazer muito barulho em torno do morto...

Exatamente. Em tempos mais recuados havia tal empenho nesse particular que se contratavam senhoras dotadas de singular especialidade:

chorar a cântaros. Eram as carpideiras. Tão logo ocorria o óbito, eram convocadas, a favorecer a chuva de lágrimas. Quanto mais, melhor, defunto devidamente pranteado.

3 – *Estamos no extremo oposto?*

Sim, do total desrespeito. Velório transformou-se em reunião social. As pessoas conversam, comentam futebol, política, modas, sexo... Falam até mal do defunto. Uma lástima! Em princípio: *coitado, tão bom, morreu!...* Depois, *bom, mas...* E lá vem maledicência, essa autoafirmação às avessas, em que o indivíduo procura destaque menosprezando o próximo.

4 – *Para o morto isso é ruim?*

É péssimo, porquanto, com poucas exceções, envolvendo pessoas altamente espiritualizadas, ele permanece ligado ao corpo, em pleno velório. Embora geralmente inconsciente de sua situação, colhe as vibrações do ambiente e sente-se, não raro, como quem está vivendo um pesadelo.

5 – *Não obstante, não é preferível esse ambiente descontraído, sem manifestações histéricas que perturbam muito mais o morto?*

A virtude está no meio. Desejável que os familiares cultivem submissão, evitando manifestações de revolta ou desespero passíveis de conturbá-lo, mas também é desejável que as pessoas que comparecem por um dever de solidariedade não o façam pela metade, com a presença física, esquecendo-se da compostura espiritual.

6 – *Seria guardar silêncio?*

E oração em favor do viajante que se despede. É uma hora solene de sua existência. Ele precisa de nosso apoio, de nossas boas vibrações. Não obstante, não estamos impedidos de conversar num velório, desde que não o confundamos com uma reunião social. É preciso guardar cuidado com os assuntos abordados, usando de comedimento e discrição no falar.

7 – *Agir como numa reunião religiosa?*

É uma boa imagem. E deve merecer um cuidado ainda maior de nossa parte, porquanto, se na reunião religiosa buscamos forças para enfrentar os desafios da Vida, num velório devemos fortalecer alguém que enfrenta os desafios da morte. Assim como acontece numa sessão mediúnica, tenhamos consciência de que *num velório, quem não ajuda atrapalha.*

8 – *Considerando os problemas gerados pelo desrespeito, podemos dizer que quanto menos gente num velório, melhor para o defunto?*

Se a postura dos presentes for de reunião social, a resposta é afirmativa, algo equivalente ao *antes só que mal acompanhado.* Se a postura é de reunião religiosa, com perfeita consciência do significado dessa hora solene na vida do desencarnante, diríamos que quanto mais gente, melhor.

RELIGIÃO

Oração

1 – *Estou apaixonado, mas minha amada não corresponde ao meu amor. Não consigo pensar em outra coisa, senão nela. Posso conquistá-la apelando para meus guias?*

Considerando que uma das características dos mentores espirituais é o respeito ao livre-arbítrio das pessoas, parece-me pouco provável que se disponham a atender seu apelo, influenciando a mulher amada para que corresponda aos seus anseios. Mais razoável pedir por si mesmo. Que Deus ponha juízo em sua cabeça, a fim de livrar-se dessa perturbadora paixão.

2 – *Disseram-me que há uma simpatia infalível para conseguirmos que Santo Antônio atenda nossos anseios matrimoniais. Devemos amarrar sua imagem numa corda, de cabeça para baixo, e*

mergulhá-la num poço. Depois prometeremos ao santo retirá-lo de lá, desde que nos ajude. É assim mesmo?

Se possível, use esse procedimento por alguns segundos com o autor dessa tolice, a fim de refrescar-lhe as ideias. O atendimento de nossas orações depende de merecimento e da natureza das solicitações. Simpatias, ou *antipatias,* como no caso citado, não têm nenhuma repercussão junto aos bons Espíritos.

3 – Jesus dizia que tudo o que pedirmos, orando, haveremos de receber. Tenho pedido todos os dias ao Mestre que me livre de meu marido, que me perturba muito, e até hoje não recebi essa graça. Por quê?

Para *livrar-se do marido* seria conveniente consultar um advogado. Antes disso, considere que provavelmente Jesus espera que você fique com ele, procurando superar as divergências, em favor de uma harmonização. Talvez seja esse o seu maior desafio.

4 – *Estou desempregado há dois anos. Vivo em permanente oração. Ao longo dos dias, em casa, peço ardentemente a Deus que me arranje um emprego e nada acontece.*

Ore menos e saia mais. Deus não vai mandar o emprego procurá-lo, mas o ajudará a andar em sua direção, se estiver disposto a gastar a sola dos sapatos.

5 – *Se eu fizer o sacrifício de orar de joelhos, sobre grãos de feijão, terei melhores chances de ser atendido, conforme me disseram?*

Terá uma boa chance de provocar hematomas nos joelhos. Sugiro que entregue o feijão, o pacote todo, a um pobre. *Misericórdia quero, e não sacrifício* – diz Jesus, citando o profeta Oseias (Mateus, 12:7).

6 – *Briguei com meu pai e meu confessor recomendou-me que rezasse cento e cinquenta vezes o Pai-Nosso, por penitência. É pouco ou muito?*

Depende. Se você repetir oralmente cento e cinquenta vezes uma oração, como se fora um mantra, poderá acalmar o corpo. Para acalmar a consciência de nada valerá, ainda que repita mil e quinhentas vezes. Que tal conversar com seu pai e pedir-lhe desculpas?

7 – *O guia de nosso Centro recomendou que para orar e vigiar, conforme ensinou Jesus, devemos, na oração, fechar um olho e manter o outro aberto. É assim mesmo?*

Seria conveniente vigiar esse *guia*. Palpiteiros do Além costumam gerar confusão. Quando não passamos pelo crivo da razão as orientações que chegam pelo processo mediúnico, resvalamos para bobagens desse teor.

8 – *Meu marido me abandonou por outra mulher. De mim mesma já o perdoei, como boa cristã, embora sofra muito, mas é aceitável pedir a Deus que lhe dê o castigo merecido, como tenho feito?*

Você é sua esposa ou advogada de acusação? O bom cristão roga pelos que lhe fazem mal, como ensinou Jesus na cruz. Esse é o verdadeiro perdão. Quando você fizer isso deixará de sofrer.

Comércio

1 – Na célebre passagem evangélica, Jesus expulsou os comerciantes do Templo, citando Isaías (56:7): Minha casa será chamada casa de oração; vós, porém, a fazeis covil de ladrões, *em clara condenação à sua atividade. Isso não se aplica ao Centro Espírita, envolvendo venda de livros, bazares, lanchonetes...?*

Negativo. Consideremos, preliminarmente, que essa passagem evangélica é discutível. Jesus jamais usaria de violência, como está situado em João (2:15): *tendo feito um chicote de cordas, lançou a todos fora do Templo, bem como os bois e as ovelhas; espalhou o dinheiro dos cambistas, derrubou as mesas.* Seria inconcebível num missionário divino, que veio ensinar valores como a mansuetude, a compreensão e o respeito pelo próximo, além de constituir indébita interferência no culto local.

2 – E quanto à sua observação, citando Isaías?

Parece-me uma habilidosa interpolação dos teólogos medievais, com clara intenção anti-semita. Jesus sabia perfeitamente que a *casa do Pai* transcende as acanhadas dimensões de uma construção de pedra, abrangendo todo o Universo. E não haveria por que falar em covil de ladrões, já que aquele comércio estava inserido no culto.

3 – Fazia parte?

Atendia às suas necessidades. Nas datas comemorativas, Jerusalém regurgitava de judeus que moravam em outras localidades ou no exterior. Vinham cumprir seus deveres religiosos. Nas doações ao Templo não podiam ser usadas moedas gregas e romanas em circulação. Era preciso fazer a conversão para o siclos judeus. Daí as bancas (origem do nome Banco), para o câmbio necessário. Por outro lado, animais e aves, bem como incenso, óleo e outros produtos usados eram ali adquiridos. Poderia ocorrer algum exagero nos preços, típico da natureza humana, mas, essencialmente, atendia-se às conveniências dos peregrinos.

4 – *Não poderíamos situar aquela prática como uma comercialização do culto?*

Talvez existisse do lado de dentro, envolvendo a cobrança por orações, rituais de purificação e outras cerimônias. Infelizmente, a simonia, o comércio do sagrado, tem caracterizado o culto religioso ao longo dos séculos. Não guardava, porém, nenhuma relação com os comerciantes do lado de fora, contra os quais teria se insurgido Jesus.

5 – *E quanto ao Centro Espírita?*

Para uma apreciação devida do assunto, consideremos sua tríplice função: hospital, num primeiro momento, quando o buscamos para a cura de males físicos e espirituais; escola, quando conscientes da necessidade de ampliar conhecimentos sobre a existência humana; oficina, onde somos chamados a trabalhar em favor do próximo, a exercitar o altruísmo, quando conscientes de nossas responsabilidades como Espíritos imortais. Natural que tais atividades atraiam muita gente. Nesse contexto, livrarias, bibliotecas, bazares e lanchonetes atendem às necessidades dos frequentadores, tanto quanto

Solidariedade

1 – Tenho ouvido no Centro Espírita que é preciso participar de obras assistenciais, ajudar pessoas carentes, visitar enfermos, socorrer necessitados... Mas, como fazer tudo isso se há uma correria danada para atender aos compromissos familiares e profissionais?

Trata-se de uma questão de preferência. Sempre encontramos tempo para fazer o que desejamos. Considere, a propósito, que um mês tem setecentos e vinte horas. Um belo capital que Deus nos oferece com absoluta equidade: temos quarenta e três mil e duzentos minutos para usar ao longo do mês. É muito *dinheiro* no *mercado* do tempo. Talvez seja apenas uma questão de aplicar melhor nosso *capital*.

2 – *Investir em favor do próximo?*

Exatamente. Investimento lucrativo que nos poupará as muitas horas que costumamos perder para cuidar de desajustes físicos e psíquicos, mais frequentes e doridos para quem não faz uso das *vitaminas da solidariedade.*

3 – *Sei que tudo isso é importante, mas sinto-me incapaz de uma participação proveitosa nesse esforço tão insistentemente preconizado pela Doutrina Espírita.*

É lamentável não fazer nada sob a alegação de que pouco se pode fazer. Afinal, qualquer seja a distância a percorrer, a caminhada sempre começa pelos primeiros passos. Não obstante, seria conveniente saber se o problema é esse ou se trata apenas de crônica... *preguicite.* A propósito, diz Ahad Há'Am, escritor judeu: *A preguiça gosta de escusar-se de não fazer nada porque não pode fazer tudo.*

4 – *Terá valor nosso empenho nesse sentido, vencendo o acomodamento, se estamos meramente interessados em receber benefícios?*

Num planeta de expiação e provas como a Terra, onde o egoísmo é a marca dos corações, raros têm vocação legítima para os serviços do Bem. Agradeçamos a Deus pela abençoada iniciação espírita que nos estimula ao exercício da fraternidade, ainda que o façamos, em princípio, orientados pelo egoísmo.

5 – *O interesse em receber benefícios irá desembocar na vocação de servir?*

Exatamente. Hoje vacilamos, não somos firmes e assíduos porque nos inspiramos tão somente no propósito de merecer o Céu; amanhã faremos melhor, quando legitimamente sensibilizados ante a dor de nosso irmão. Então estaremos nos aproximando dos heróis do desprendimento e da dedicação ao próximo.

6 – *E quando as pessoas beneficiadas por nosso esforço não nos compreendem nem são gratas?*

A satisfação pelo dever cumprido é a única gratificação de que devemos cogitar. Quem cobra gratidão age como mero mercador. Não dá nada. Daí a frustração quando os beneficiários não correspondem às suas expectativas.

7 – *Como iniciar-me nas lides da solidariedade, atendendo famílias carentes, se no Centro Espírita que frequento não há serviços dessa natureza?*

Você tem certeza de que se trata de um Centro Espírita? Não pode dizer-se espírita uma instituição que não segue as orientações da Doutrina, priorizando esse empenho.

8 – *Devo procurar outro Centro?*

Melhor *enquadrar* o Centro que frequenta. Integre-se em suas atividades, inscreva-se como sócio, assuma a postura de participante. A partir daí poderá convencer nossos confrades de que Kardec agita-se na sepultura quando tem notícia de Centros Espíritas que negligenciam o aspecto mais nobre do Espiritismo – o exercício da solidariedade.

Centro Espírita

1 – *Como explicar o comportamento de uma pessoa que, após anos de frequência ao Centro Espírita, onde participou como passista e expositor, mudou para outra religião?*

Lembra-me o funcionário que batia nas rodas do trem, na estação. Indagado por um passageiro quanto à finalidade daquele serviço, respondeu que fazia isso há vinte anos e nunca lhe ocorrera semelhante indagação. Esse irmão andou batendo nas *rodas* da Doutrina sem saber o que fazia.

2 – *No Centro que frequento há casamentos espíritas. Há até um padre que se manifesta e oficia o casamento. É assim mesmo?*

Há de ser um padre muito corajoso para oficiar uma cerimônia em terreno *do inimigo*. Não obstante, tanto ele quanto os que se submetem a essa prática estão totalmente equivocados. Não há rituais, nem rezas; nem ofícios nem oficiantes no Espiritismo. A Doutrina nos propõe uma comunhão com Deus sem intermediações, na intimidade de nossa consciência.

3 – *Sou evangélica, igreja Assembléia de Deus, mas gosto de ir ao Centro Espírita. Há algum mal nisso?*

Sob ponto de vista espírita não, considerando que a Doutrina nos concede liberdade de consciência. Você terá problemas com a sua igreja, já que o pastor não gostará de vê-la em contato com o *demônio*. Poderá impor-lhe uma excomunhão. Certamente ainda não compreendeu que não é a crença que salva, mas a vivência, conforme ensinava Jesus (Mateus, 7:21-23): *Nem todo o que me diz: Senhor, Senhor! entrará no reino dos céus, mas aquele que faz a vontade de meu Pai, que está nos céus. Muitos me dirão naquele dia: Senhor, Senhor, não profetizamos nós em teu nome? E em teu nome não expulsamos demônios? E em teu nome não fizemos muitas maravilhas? E então lhes direi abertamente: Nunca vos conheci; apartai-vos de mim, vós que praticais a iniquidade.*

4 – *Como agir diante daqueles que insistem na ideia de que o demônio atua nos Centros Espíritas?*

Nos Centros Espíritas as pessoas recebem cura para males do corpo e da alma, e são estimuladas ao esforço do Bem. Pergunte a esses mal intencionados detratores se o demônio teria mudado de time, à semelhança do que respondia Jesus aos fariseus, que lhe faziam a mesma acusação (Mateus, 12:25-26): *Todo o reino dividido contra si mesmo é devastado; e toda a cidade, ou casa, dividida contra si mesma não subsistirá. E, se Satanás expulsa a Satanás, está dividido contra si mesmo; como subsistirá, pois, o seu reino?*

5 – *Por que muitos comparecem ao Centro Espírita para receber benefícios espirituais e poucos se dispõem a participar de suas atividades filantrópicas e espirituais?*

Isso acontece com adeptos de todas as religiões. As pessoas ainda não perceberam que se a religião é o caminho para Deus, o serviço ao próximo é o caminhar.

6 – Há pessoas que se dizem espíritas no Centro Espírita. Fora dele jamais revelam sua crença. O que pensar disso?

No passado isso acontecia com frequência, porquanto era grande o preconceito contra o Espiritismo, tomado à conta de superstição inspirada na ignorância. Hoje é até chique dizer-se espírita, porquanto pesquisas demonstram que os adeptos do Espiritismo estão na camada mais culta da população. Não há, portanto, por que ocultar nossa condição de espíritas, o que, diga-se de passagem, nos tornaria indignos das bênçãos que a Doutrina nos prodigaliza.

7 – Por que há Centros Espíritas onde os Espíritos pedem charutos, pinga, cigarros?

Seus dirigentes e participantes não estudaram ou não assimilaram o conhecimento espírita. Se o tivessem feito saberiam que essas práticas não são admissíveis numa reunião mediúnica disciplinada pela orientação contida em *O Livro dos Médiuns,* de Allan Kardec.

8 – Freqüento um Centro Espírita cujos dirigentes são muito cultos. As reuniões públicas são bem conduzidas, mas não há prática mediúnica. Dizem os dirigentes que o tempo do fenômeno passou. É isso mesmo?

Provavelmente supõem saber mais do que Kardec, já que o Codificador deu-se ao trabalho de escrever o monumental *O Livro dos Médiuns* justamente para orientar a instalação e sustentação de grupos mediúnicos. Dirigente espírita que não o faz certamente desconhece que o movimento cristão, na Idade Média, entrou para o desvio a partir do momento em que suas lideranças fecharam a porta de intercâmbio com o Além e perderam o contato com o Espírito Santo, denominação genérica dos mentores espirituais que orientavam o Cristianismo.

Bíblia

1 – *A Bíblia é a palavra de Deus?*

É a palavra dos homens, eventualmente sob inspiração de Espíritos Superiores, que orientavam em nome de Deus.

2 – *E a legislação mosaica?*

Moisés legislou para o seu tempo. Os 613 mandamentos que ele atribuiu a Deus, 248 positivos, o que fazer, e 365 negativos, o que não fazer, dizem respeito às disciplinas que ele impunha ao povo judeu. Digamos que há ali algo do Céu e muito da Terra, algo de divino e muito de humano. Além do mais, Moisés não conseguiu superar seus próprios condicionamentos. Agia com braço de ferro, determinando sentenças de morte até para quem desrespeitasse a proibição de trabalhar no sábado, contrariando o *não matarás*, da Tábua da Lei (Dt, 5:17), que ele mesmo redigira.

3 – *No livro* Gênesis *está a história da Criação. Até que ponto podemos considerar o que ali vai relatado como expressão da realidade?*

Trata-se de uma fantasia, uma bela história da carochinha. Um dos equívocos lamentáveis da teologia medieval foi eleger a experiência do povo judeu, retratada no Velho Testamento, com todas as suas mitologias e fantasias, como berço da Humanidade. Milênios antes da cultura judaica tivemos inúmeras outras, destacando-se a China, a Índia, o Egito, a Babilônia... Qualquer delas poderia, com mais propriedade, até por direito de antiguidade, ser situada como o princípio da história humana.

4 – *Moisés se destaca no Velho Testamento, tanto quanto Jesus, no Novo Testamento, como as figuras principais. Que importância o Espiritismo atribui a ambos?*

Moisés falou para um povo, para uma época. Jesus falou para a Humanidade, para todos os tempos. A revelação de Jesus tem um caráter universalista e perene, porquanto, sendo o mais perfeito Espírito que já transitou pela Terra, como destaca a questão 625, de *O Livro dos Espíritos*, era inspirado pelo Criador. Nesse aspecto podemos dizer que há em Jesus a palavra de Deus.

5 – *Jeová, o Deus do Velho Testamento, é o mesmo Deus proposto por Jesus?*

São tão diferentes que seria preciso renunciar inteiramente ao bom senso para imaginar que possam ser a mesma divindade. O Jeová de Moisés é um deus mitológico, violento e cruel, que se vinga até a quarta geração daqueles que o ofendem, e determina que os judeus, em terra inimiga, passem a fio de espada tudo o que tem fôlego, envolvendo seres humanos, aves, peixes, animais... O Deus revelado por Jesus é o pai de amor e misericórdia, que trabalha incessantemente pela felicidade de seus filhos; que festeja o filho pródigo que retorna, e recomenda que jamais nos envolvamos com a violência, ou respondamos ao mal com o mal.

6 – *O que você considera mais importante, no Velho Testamento?*

A Tábua dos Dez Mandamentos, que, expurgada da ingerência do próprio Moisés, resume o que não devemos fazer – não matar, não roubar, não mentir, não trair, não cobiçar... Temos aí, em síntese, a Revelação da Justiça, a demonstrar que nossos direitos terminam onde começam os direitos do próximo.

7 – *Qual a postura de Jesus em relação ao Velho Testamento?*

Jesus revogou o que era de caráter humano, e ratificou o que era de inspiração superior. Quando inicia suas observações dizendo *tendes ouvido o que foi dito aos antigos,* está se referindo a Moisés. E quando afirma: *eu porém, vos digo,* está modificando a legislação mosaica para uma visão de caráter universalista e perene.

8 – *Considerada essa postura de Jesus, o que ele destaca no Velho Testamento?*

O amor a Deus acima de todas as coisas, registrado em *Deuteronômio* (6:5) e ao próximo como a nós mesmos, em *Levítico* (19.18). Quando o Mestre proclama que ali estão a Lei e os Profetas, deixa bem claro que os dois mandamentos sintetizam o que de melhor há no Velho Testamento. E cultivando o amor fatalmente observaremos a justiça preconizada nos Dez Mandamentos, porquanto o amor, como destaca Paulo (1Co, 13:4-6), ... *é paciente e benigno. Não inveja, não se vangloria, não se ensoberbece. Não se porta inconvenientemente, não busca os seus próprios interesses, não se irrita, não suspeita mal. Não se alegra com a injustiça, mas se regozija com a verdade.*

Adão e Eva

1 – *Se Adão foi criado a partir do barro e Eva a partir de uma costela de Adão, então não tinham umbigo?*

É uma boa pergunta, a ser endereçada àqueles que acreditam nessa história da carochinha, uma fantasia que atendia às necessidades do passado, mas não atende à racionalidade do presente.

2 – *Adão e Eva não existiram?*

Existiram na imaginação dos que se recusam a exercitar a razão. Seres pensantes surgiram na Terra há pelo menos um milhão de anos, bem antes dos alguns milhares sugeridos pela cronologia bíblica. Foram a culminância de um processo evolutivo que começou com organismos extremamente simples, até atingirem a complexidade necessária ao aparecimento do Homem, como está perfeitamente demonstrado desde Darwin (1809-1882).

3 – *Como é possível que, mesmo ante a evolução da Ciência, explicando cientificamente como tudo ocorreu, ainda existam pessoas que acreditam em Ada e Eva?*

E não é só isso. O relato bíblico é eivado de contradições. Adão e Eva tiveram dois filhos, Caim e Abel. Caim matou Abel, por inveja. Posteriormente, em região distante, encontrou uma mulher e casou-se com ela. Depois fundou uma cidade. De onde veio a mulher de Caim e os habitantes da cidade? A explicação está no fato elementar de que não há limites para a fantasia quando renunciamos ao bom senso.

4 – *Como fica o Velho Testamento, enfatizado por profitentes religiosos como a palavra de Deus, se admitirmos que o que ali está recende a fantasia?*

Deus não escreve livros. Qualquer exegeta sabe que o Velho Testamento é a história do povo judeu, com suas tradições religiosas, culturais e sociais. Não obstante, há ali aspectos positivos, histórias edificantes, conceitos sábios e, também, a *Tábua dos Dez Mandamentos* e as recomendações sobre o Amor às quais já fizemos referência.

5 – *É preciso separar o joio do trigo?*

Exatamente. Considerar o que ali é de inspiração superior, conhecimento iluminado destinado a todas as épocas e todos os povos, e o conhecimento humano destinado à época de Moisés. A extensa legislação atribuída a Jeová tinha caráter transitório, como de fato ocorreu.

6 – *Transitório?*

Sim, porquanto atendia às necessidades de seu tempo, e até às suas fantasias, mas que soariam ridículas hoje, como a mulher menstruada não ter contato físico com ninguém, a proibição de trabalho no sábado, a condenação à morte dos pederastas, o apedrejamento da adúltera, a utilização de escravos, a segregação de pessoas com doenças de pele, e muitas outras.

7 – *E quanto à proibição de evocar os mortos imposta por Moisés?*

É a citação preferida dos fundamentalistas cristãos, para os quais os mortos estão *mortos por inteiro*, em corpo e em Espírito, e só ressuscitarão no juízo final. Há aí alguns reparos. Se houve a proibição de evocar os mortos foi porque eles podem manifestar-se, não estão *mortos*. Ocioso proibir o impossível. E na própria Bíblia há relatos a respeito. É famoso o episódio em que Saul consulta a pitonisa de Endor (1 Samuel, 28:7-25), que lhe faculta um encontro com o Espírito Samuel, que se materializou diante dele.

8 – Nessa linha de raciocínio, Adão e Eva devem ser descartados?

Como personagens históricas, sim. Como simbolismo, podemos ver na gênese bíblica uma representação do processo evolutivo dos seres vivos. O paraíso representa o período anterior à Humanidade, quando o ser em evolução é conduzido pela Natureza, sob a égide do instinto. A partir do momento em que exercita o pensamento e conquista o livre-arbítrio, deixa a Natureza e passa a conduzir-se com seus próprios pés.

BIBLIOGRAFIA DO AUTOR

01 – PARA VIVER A GRANDE MENSAGEM 1969
Crônicas e histórias.
Ênfase para o tema Mediunidade.
Editora: FEB

02 – TEMAS DE HOJE, PROBLEMAS DE SEMPRE 1973
Assuntos de atualidade.
Editora: Correio Fraterno do ABC

03 – A VOZ DO MONTE 1980
Comentários sobre "O Sermão da Montanha".
Editora: FEB

04 – ATRAVESSANDO A RUA 1985
Histórias.
Editora: IDE

05 – EM BUSCA DO HOMEM NOVO 1986
Parceria com Sérgio Lourenço
e Therezinha Oliveira.
Comentários evangélicos e temas de atualidade.
Editora: EME

06 – ENDEREÇO CERTO 1987
Histórias.
Editora: IDE

07 – QUEM TEM MEDO DA MORTE? 1987
Noções sobre a morte e a vida espiritual.
Editora: CEAC

08 – A CONSTITUIÇÃO DIVINA 1988
Comentários em torno de "As Leis Morais",
3ª parte de O Livro dos Espíritos.
Editora: CEAC

09 – UMA RAZÃO PARA VIVER 1989
Iniciação espírita.
Editora: CEAC

10 – UM JEITO DE SER FELIZ 1990
Comentários em torno de
"Esperanças e Consolações",
4ª parte de O Livro dos Espíritos.
Editora: CEAC

11 – ENCONTROS E DESENCONTROS 1991
Histórias.
Editora: CEAC

12 – QUEM TEM MEDO DOS ESPÍRITOS? 1992
Comentários em torno de "Do Mundo Espírita e
dos Espíritos", 2ª parte de O Livro dos Espíritos.
Editora: CEAC

13 – A FORÇA DAS IDEIAS 1993
Pinga-fogo literário sobre temas de atualidade.
Editora: O Clarim

14 – QUEM TEM MEDO DA OBSESSÃO? 1993
Estudo sobre influências espirituais.
Editora: CEAC

15 – VIVER EM PLENITUDE 1994
Comentários em torno de "Do Mundo Espírita e
dos Espíritos", 2ª parte de O Livro dos Espíritos.
Seqüência de Quem Tem Medo dos Espíritos?
Editora: CEAC

16 – VENCENDO A MORTE E A OBSESSÃO 1994
Composto a partir dos textos de Quem Tem Medo
da Morte? *e* Quem Tem Medo da Obsessão?
Editora: Pensamento

17 TEMPO DE DESPERTAR 1995

Dissertações e histórias sobre temas de atualidade.

Editora: FEESP

18 – NÃO PISE NA BOLA 1995

Bate-papo com jovens.

Editora: O Clarim

19 – A PRESENÇA DE DEUS 1995

Comentários em torno de "Das Causas Primárias", 1ª parte de O Livro dos Espíritos.

Editora: CEAC

20 – FUGINDO DA PRISÃO 1996

Roteiro para a liberdade interior.

Editora: CEAC

21 – O VASO DE PORCELANA 1996

Romance sobre problemas existenciais, envolvendo família, namoro, casamento, obsessão, paixões...

Editora: CEAC

22 – O CÉU AO NOSSO ALCANCE 1997

Histórias sobre "O Sermão da Montanha".

Editora: CEAC

23 – PAZ NA TERRA 1997

Vida de Jesus – nascimento ao início do apostolado.

Editora: CEAC

24 – ESPIRITISMO, UMA NOVA ERA 1998

Iniciação Espírita.

Editora: FEB

25 – O DESTINO EM SUAS MÃOS 1998

Histórias e dissertações sobre temas de atualidade.

Editora: CEAC

26 – LEVANTA-TE! 1999
Vida de Jesus – primeiro ano de apostolado.
Editora: CEAC

27 – LUZES NO CAMINHO 1999
Histórias da História, à luz do Espiritismo.
Editora: CEAC

28 – TUA FÉ TE SALVOU! 2000
Vida de Jesus – segundo ano de apostolado.
Editora: CEAC

29 – REENCARNAÇÃO – TUDO O QUE VOCÊ PRECISA SABER 2000
Perguntas e respostas sobre a reencarnação.
Editora: CEAC

30 – NÃO PEQUES MAIS! 2001
Vida de Jesus – terceiro ano de apostolado.
Editora: CEAC

31 – PARA RIR E REFLETIR 2001
Histórias bem-humoradas, analisadas à luz da Doutrina Espírita.
Editora: CEAC

32 – SETENTA VEZES SETE 2002
Vida de Jesus – últimos tempos de apostolado.
Editora CEAC

33 – MEDIUNIDADE, TUDO O QUE VOCÊ PRECISA SABER 2002
Perguntas e respostas sobre mediunidade.
Editora CEAC

34 – ANTES QUE O GALO CANTE 2003
Vida de Jesus – o Drama do Calvário.
Editora CEAC

35 – ABAIXO A DEPRESSÃO! 2003
Profilaxia dos estados depressivos.
Editora CEAC

36 – HISTÓRIAS QUE TRAZEM FELICIDADE 2004
Parábolas evangélicas, à luz do Espiritismo.
Editora CEAC

37 – ESPIRITISMO, TUDO O QUE VOCÊ PRECISA SABER 2004
Perguntas e respostas sobre a Doutrina Espírita.
Editora CEAC

38 – MAIS HISTÓRIAS QUE TRAZEM FELICIDADE 2005
Parábolas evangélicas, à luz do Espiritismo.
Editora CEAC

39 – RINDO E REFLETINDO COM CHICO XAVIER 2005
Reflexões em torno de frases e episódios bem Humorados do grande médium.
Editora CEAC

40 – SUICÍDIO, TUDO O QUE VOCÊ PRECISA SABER 2006
Noções da Doutrina Espírita sobre a problemática do suicídio.

41 – RINDO E REFLETINDO COM CHICO XAVIER 2006
Volume II
Reflexões em torno de frases e episódios bem-humorados do grande médium.

42 – TRINTA SEGUNDOS 2007
Temas de atualidade em breves diálogos.

43 – RINDO E REFLETINDO COM A HISTÓRIA 2007
Reflexões em torno da personalidade de figuras ilustres e acontecimentos importantes da História.

44 – O CLAMOR DAS ALMAS 2007
Histórias e dissertações doutrinárias.

45 – MUDANÇA DE RUMO 2008
Romance.

46 – DÚVIDAS E IMPERTINÊNCIAS 2009
Perguntas e respostas.